PLANS D'AFFAIRES

&

STRATÉGIES

De l'idée au marché

Michel English

+

Plan modèle
Évaluation du savoir-faire
Stratégies de financement

Copyright

ÉDITION ANGLAISE

BUSINESS PLANS & STRATEGIES

Publié par:

Michel English

AUTRES PUBLICATIONS DU MÊME AUTEUR

SECRETS of SUCCESSFUL BUSINESS PLANS

Strategy for Small & Medium Size Businesses

Real-Time Strategic Management and Simulation

Dépôt légal, Bibliothèque et Archives Canada, 2021

ISBN 978-0-9734166-4-0

PRÉFACE

Bravo ! une idée géniale a émergé de votre pensée et vous vous interrogez sur la meilleure façon de la mettre au point, d'effectuer sa mise en marché et de trouver le financement? Vous savez que vous avez l'opportunité de lancer l'entreprise de vos rêves, mais vous craignez que ce ne soit pas le bon moment ! Cessez d'attendre et de vous inquiéter, il n'y a jamais de bon moment, le moment de permettre à votre idée de devenir réalité, c'est maintenant. Vous devez agir, car autrement vous ne lancerez peut-être jamais cette grande idée. Passez à l'action, préparez-vous, commencez à réunir les éléments de votre plan d'affaires, ce livre est l'occasion pour vous de devenir l'artisan de votre destin, de concevoir un plan qui se distinguera parmi les milliers de plans d'affaires que les banquiers examinent tous les ans.

Alors, préparons-nous, ce livre sera votre guide. Oui, il y a des risques, nous allons les quantifier et établir des stratégies qui minimiseront ces risques. L'économie actuelle est prometteuse pour la petite entreprise;

1. Banquiers et investisseurs engrangent des bénéfices qui atteignent des niveaux records et sont à l'affût de nouvelles opportunités.

2. Les gouvernements réalisent que l'entrepreneuriat est vital pour l'économie et apportent des solutions sous forme de programmes de financement, de crédits d'impôt et d'assistance technique.

Attendre n'est plus une option. Il y a beaucoup de gens brillants de nos jours possédant de bonnes idées de produits et services très innovateurs et prêts à se lancer dans la course. Certains en sont au stade de la découverte, d'autres en phase de développement, et la plupart travaillent sur leur plan d'affaires. Tous progressent et se préparent à capturer une part du marché de cette nouvelle économie.

Découvrez le pouvoir que procure un plan d'affaires fondé sur les critères qui ont propulsé des entreprises comme Intel, Microsoft, Amazon, Walmart, Servier et plusieurs autres. Ayant lu et analysés des milliers de plans d'affaires, les experts ont identifié les secrets des plans d'affaires gagnants. Ceux-ci possèdent certains attributs, voir mêmes des dénominateurs communs qui apparaissent dans le plan d'affaires des entreprises qui ont connu le succès.

En appliquant les principes présentés dans ce livre, vous rendrez votre plan d'affaires totalement irrésistible pour les banquiers, les investisseurs et les conseillers d'agences de développement économique, lesquels vous supporteront dans votre démarche. Présentez-leur un plan puissant qui vous démarque des autres.

Le fait que vous fassiez la lecture de ce livre est un signe que vous êtes prêt à amorcer la création d'un plan d'affaires qui vous mènera au pinacle.

Ce livre sera l'un des meilleurs investissements de votre nouvelle carrière d'entrepreneur et vous placera sur la route du succès et de la profitabilité. Alors, bonne lecture et que vos affaires soient fructueuses.

Bonne lecture !

Michel English

INTRODUCTION

Il n'y a pas de meilleure sensation que celle d'être son propre patron et de diriger une entreprise profitable. Que vous soyez au stade de démarrage ou que vous dirigiez une grande entreprise bien établie, tout peut changer à tout moment.

Vous pourriez avoir besoin d'un plan d'affaires pour : réconforter les investisseurs, traverser une période difficile, profiter d'une opportunité ou lancer une idée de génie. Dans un cas comme dans l'autre, un plan d'affaires convaincant fera la différence.

Je vous montrerai comment présenter votre entreprise, point par point, exposant les éléments clés que recherchent les investisseurs et les banquiers. En présentant ces éléments avec méthodologie et analyse, vous obtiendrez leur attention et ils voudront en savoir plus. Je vous montrerai comment rendre vos lecteurs aussi enthousiastes que vous dès le début, en créant un sommaire exécutif extraordinaire. Cinq paragraphes, judicieusement articulés pour vendre votre entreprise aux investisseurs et aux banquiers. Ces derniers notent votre plan d'affaires à partir de critères essentiels pour obtenir l'investissement que votre entreprise nécessite.

Les investisseurs de capitaux de risques, les investisseurs d'équité privés et les banquiers reçoivent des milliers de plans d'affaires tous les ans et ne font que quelques investissements. Ils recherchent certains éléments afin de rapidement évaluer votre plan, et dépassent rarement les cinq premières pages. La façon dont vous présentez chacun des aspects de votre entreprise est d'une importance capitale. Quelques-uns des éléments clés incluent :

1. Le modèle d'affaires VS revenus;

2. Les réseaux de compétences;

3. Les avantages compétitifs;

4. Le positionnement sur le marché;

5. Le mix de stratégies;

6. L'analyse FFOM;

7. La valorisation de la propriété intellectuelle;

8. Le taux de profitabilité;

9. L'analyse de sensibilité en temps réel;

10. Les stratégies de sorties des investisseurs.

Les plans d'affaires qui incluent ces dix éléments clés, qui sont bien présentés et faciles à comprendre, ont une longueur d'avance.

J'ai écrit des centaines de plans d'affaires et rencontré des milliers d'entrepreneurs avec des idées fantastiques. Le modèle d'affaires qui s'en dégage est centré sur les forces et compétences de l'équipe, les avantages comparatifs des produits et un processus continu d'amélioration de tous les processus. Dans ce livre vous trouverez de nouvelles idées qui rehausseront votre plan d'affaires au niveau des leaders, ceux qui survivent à tout et qui sont capables de convaincre les investisseurs. Les banquiers et les investisseurs veulent rester avec les survivants, ceux qui possèdent un noyau de compétences solides, ceux qui planifient et compétitionnent efficacement ainsi que les équipes de management qui font leurs devoirs. Peu importe la qualité de la solution que vous vous apprêtez à livrer au marché, vous attirerez votre part du marché seulement si vous commencez par concevoir un plan d'affaires qui se démarquent. Ceci commence par une analyse de chacun des aspects du scénario d'affaires.

Ce que nous ferons, qui le fera, quand nous le ferons et combien il en coûtera, est principalement ce que ce livre vous aidera à présenter à votre audience en utilisant des méthodes très efficaces. Des méthodes qui vous permettent de présenter une opportunité et le plan d'action stratégique conçu pour capturer et profiter de l'opportunité. Les lecteurs voudront en savoir plus et ils liront le plan en entier, survolant ainsi les éléments clés de l'opportunité, son unicité et son potentiel de profitabilité. En toute humilité, je crois que vous aurez autant de plaisir à lire ce livre que j'en ai eu à l'écrire. En plus, je suis persuadé que ce livre vous permettra de compléter votre plan d'affaires et de surpasser vos objectifs.

Michel English

TABLE DES MATIÈRES

- I -

Vous démarrez votre entreprise

Démarrer une entreprise est probablement l'un des plus grands projets que vous entreprendrez durant votre vie entière. C'est le genre de décision que vous allez ressasser des centaines de fois en essayant de peser le pour et le contre de cette idée. Tous les scénarios offrent des risques, mais certains peuvent être atténués lors de la planification du plan d'affaires. Étant donné qu'il s'agit probablement d'une première, vous ne pouvez pas vous baser sur votre expérience, mais vous devrez vous baser, en partie du moins aux connaissances et expériences des autres. Au début de cette période de planification, vous rencontrerez toute sorte d'opinions et de réactions de la part de vos amis et de votre famille. Certains seront favorables et d'autres moins, vous ne devez retenir que les commentaires rationnels provenant des gens expérimentés. Ces gens qui ont eux-mêmes démarré une entreprise.

Le processus de lancement d'un projet d'entreprise comporte bien évidemment plusieurs étapes, dont celles qui consistent à développer votre produit ou service, selon le cas. Il y a une autre étape importante qui consiste à recueillir l'information du marché et de l'industrie dont vous ferez partie. L'information précise qui fera de votre plan d'affaires le succès que vous anticipez doit être organisée et vérifiée. Quand vous rencontrerez les preneurs de décisions pour obtenir des fonds, ceux-ci vous poseront des dizaines de questions. Vous devez avoir les bonnes réponses.

Vous connaissez sûrement l'expression "vous n'avez pas de deuxième chance de faire une bonne première impression". Faire une bonne première impression nécessite beaucoup d'analyse, de planification et la formulation de stratégies simples et efficaces. Vous changerez vos plans d'action à maintes reprises jusqu'à ce que ceux-ci soient parfaits. Ce processus est essentiel à tout entrepreneur qui planifie un succès.

Quand vous présentez votre plan d'affaires devant une ou des personnes, souvenez-vous qu'ils ne possèdent pas vos connaissances ou votre expérience du marché. Être assuré que votre idée est reçue le plus favorablement possible, voilà l'objectif initial vous menant à la conception du plan d'affaires.

Il faut connaître son marché

Rédiger un plan d'affaires représente une charge de travail énorme et nous devons éviter de partir dans la mauvaise direction. Il existe une méthodologie efficace pour sa réalisation et je vais vous introduire à la méthode que j'ai étudiée, développée, appliquée et que j'enseigne depuis maintenant 30 ans. La préparation est la clé des grands plans d'affaires et vous êtes sur le point de découvrir les secrets des plus grands succès entrepreneurials de notre époque.

L'une des premières choses que j'ai apprises dans la façon de formuler un plan d'affaires c'est qu'il faut savoir tout ce qui est important d'un secteur d'affaires, avant d'y plonger avec une nouvelle idée. Savoir ce qui est important, voilà le premier secret d'un grand plan d'affaires. Cela veut aussi dire que vous savez quelles sont les solutions existantes, la propriété intellectuelle que possèdent les compétiteurs actuels, les avantages et désavantages des solutions existantes et le plus important : comment votre produit ou votre solution viendra combler un vide dans ce marché? Comment votre produit s'intègre à l'industrie? Beaucoup de temps est requis pour étudier une industrie et ses compétiteurs et découvrir où sera notre place dans celle-ci. Je dirais que l'étude d'un marché et de ses produits est une grande portion du travail de préparation que demande un plan d'affaires. Il se peut que vous soyez déjà un expert dans le secteur où vous lancez votre entreprise ou que vous opériez déjà une entreprise dans ce secteur. Dans ce cas, une petite révision vous permettra de présenter une analyse ponctuelle de votre marché.

Le deuxième aspect en importance dans la préparation de notre plan d'affaires est relié au modèle d'affaires. Qu'il s'agisse d'un produit, d'un service ou encore d'une solution, votre modèle d'affaires doit identifier toutes les sources potentielles de revenus. Votre analyse financière comprendra tous les types de coûts et de frais dont il faut prendre en considération tels que; main d'œuvre, matière première, amortissement, recherche et développement, frais généraux, etc... Nous devons savoir, sinon prévoir, tous ces coûts le plus précisément possible pour définir le prix de nos produits et sous-produits, et le prix que le marché est disposé à payer. Construire un budget est une tâche importante et la rentabilité de notre projet d'affaires repose en partie sur sa précision. Lorsque vous serez disposé à commencer cette tâche, vous trouverez un fichier de prévision financière qui vous permettra de construire le budget ainsi que les bilans, les états des résultats et le mouvement de trésorerie prévisionnel en me contactant.

Ce fichier vous économisera des jours entiers de travail et vous permettra de produire toutes les prévisions que demanderont votre banquier ou les investisseurs. Ce budget prévisionnel vous montrera combien d'investissement votre projet nécessite pour prendre son envol. Vous devriez ajouter des précautions pour les dépenses et les délais imprévus.

La troisième plus importante tâche dans la réalisation de votre plan d'affaires est reliée à l'organisation. Beaucoup de petites entreprises démarrent avec une seule personne faisant toutes les tâches, mais parfois il n'est simplement pas possible de jouer tous les rôles soi-même. Il y a parfois plusieurs aspects à envisager qui requiert des expertises très variées. Comment allons-nous structurer les ressources pour : la fabrication, le contrôle de la qualité, la livraison efficace des produits et la gestion des achats et des inventaires pour n'en nommer que quelques-uns. Et, qui s'occupera des ventes, du marketing, de la gestion comptable et de la direction de l'entreprise? Parfois, il n'est pas possible de démarrer une entreprise seule, il nous faut une équipe, aussi petite et efficace soit-elle.

La quatrième sphère de notre plan est liée aux stratégies soutenant notre modèle d'affaires. Avons-nous des études de marché sur lesquelles baser nos décisions? Quel mix de stratégies allons-nous formuler pour capturer la part de marché anticipé? Quels sont les plans d'action que nous mettrons en branle lors du démarrage? Et quels sont les coûts? Ces questions et beaucoup d'autres doivent trouver des réponses pour couvrir les besoins stratégiques du projet de lancement de notre entreprise.

Faire bonne impression

Il serait génial de connaître la note que nous attribuent les banquiers et les investisseurs sur notre plan d'affaires avant même de devoir leur faire face. Ceci est faisable pourvu que les financiers aient un appétit pour le genre d'entreprise que vous désirez lancer. Si c'est le cas, vous pourrez prédire la note que votre plan d'affaires se méritera. Vous aurez une longueur d'avance, car votre plan comprendra un sommaire exécutif irréprochable. Aussi, votre plan inclura toutes les analyses et les ratios que l'on retrouve dans les plans de haut niveau.

Néanmoins, les banquiers introduisent régulièrement des ratios de leurs crus qui permettent de vérifier l'équilibre des projections financières à moyen et à long terme. C'est pourquoi nous vous proposons de télécharger le fichier de projections financières afin de s'assurer que vous connaîtrez tous les ratios importants de votre entreprise. Les ratios les plus souvent utilisés par les banquiers et les investisseurs sont les suivants :

Ratio de fonds de roulement

Dette / équité

Marge brute

BAIIA (Bénéfice avant Impôt, Intérêt, Amortissement)

Seuil de rentabilité

RSI (retour sur investissement)

TRI (Taux de Rendement interne)

Une fois satisfaits des données financières, les banquiers examinent l'équipe qui dirigera ou démarrera le projet d'entreprise. L'expérience de l'équipe? L'expérience de crédit des fondateurs? Est-ce que les fondateurs apportent une partie de l'investissement et pourront-ils réinvestir si le démarrage prend plus de temps que prévu à se rentabiliser?

Il y a des analyses incontournables à présenter si vous planifiez faire appel à des capitaux de risques ou de l'équité privée. Ces analyses couvrent :

- (FFOM) Force Faiblesse Opportunité & Menace
- Analyse de sensibilité
- Analyse de synergie de l'équipe
- Analyse comparative

Finalement, vous devez penser à des stratégies de sortie pour les investisseurs de capitaux qui prévoient habituellement récupérer leurs investissements avec un rendement en trois à cinq ans. Les stratégies les plus communes sont de racheter les investisseurs à partir des bénéfices accumulés, d'une nouvelle dette ou d'un premier appel sur les marchés publics.

Aussi, je vous propose de bâtir une liste d'éléments à évaluer dans votre plan avant de laisser un banquier ou un investisseur le regarder. La liste suivante pourrait satisfaire presque tous les genres de projets d'affaires.

CARTE DE POINTAGE

Sommaire exécutif inspirant _____

Le modèle d'affaires _____

L'opportunité _____

Plan de projet _____

Cédule des jalons importants _____

L'équipe _____

La mission _____

Noyaux de compétences _____

Synergie de l'équipe _____

Le leadership _____

Les curriculums _____

Les avantages du produit/solution _____

Propriété intellectuelle _____

Le concept d'affaires _____

L'étude du marché _____

Compétition _____

L'analyse comparative _____

L'analyse FFOM _____

Les objectifs _____

Les analyses de positionnement _____

Le mix stratégique _____

Les plans d'action _____

Le plan financier _____

Le ratio de fonds de roulement _____

Le ratio de dette / équité _____

La marge brute _____

BAIIA _____

Le retour sur investissement _____

Le taux de rendement interne _____

Les bilans personnels _____

À quoi vous attendre

Je peux vous assurer que les gens qui ont suivi les conseils proposés dans ce livre ont réussi leur projet d'entreprise et ils ont reçu tous les fonds dont ils avaient besoin et plus encore. Le fait que vous travaillez avec ce livre et suivez sa méthodologie pour formuler votre plan d'affaires est une indication du genre de personne que vous êtes. Cela prend beaucoup de discipline et d'humilité pour accepter de faire les choses tout en écoutant les conseils d'une éminence grise à travers un livre. De grandes récompenses vous attendent.

Une autre grande récompense que vous recevrez en formulant votre plan d'affaires avec l'aide de la méthodologie de ce livre est un degré de confiance accru et un sentiment de sécurité en entreprenant votre projet.

Vous pouvez vous attendre à ce que les banquiers et les investisseurs soient très réceptifs à votre proposition d'affaires et anxieux de vous rencontrer avec votre équipe et d'en savoir plus sur les personnes qui ont formulé ce plan.

Une mise en garde s'impose s'il s'agit d'un démarrage. N'allez surtout pas commencer votre projet sans avoir obtenu les fonds que celui-ci nécessite. Cela enverra le signal que vous êtes autonome, que vous n'avez pas un besoin absolu des fonds que vous sollicitez.

- II -

Un sommaire exécutif en 5 étapes

Le sommaire exécutif décrit l'opportunité visée par le plan d'affaires et présente les détails du modèle d'affaires que vous prévoyez utiliser pour exploiter cette opportunité. Le sommaire exécutif est au plan d'affaires ce que l'introduction est au livre. Nous devons écrire le sommaire exécutif en dernier seulement quand on a tous les éléments nécessaires pour le compléter. Il doit être convaincant en plus de présenter les éléments clés que tout lecteur anticipe de trouver. Si ce lecteur est un banquier ou un investisseur en quête de placements d'affaires rentables, il sera attiré par la qualité de l'opportunité et par la façon dont vous proposez exploiter cette opportunité. Celui-ci pourrait lire le sommaire exécutif et rejeter le plan s'il ne lui convient pas. Nous devons donc présenter chaque élément de façon stratégique, il y en a cinq d'une grande importance et qui consiste en :

1. Une description de l'opportunité que vous avez découverte et que vous prévoyez exploiter, son ampleur et sa croissance;

2. La solution que vous proposez offrir pour capturer ce marché et ses avantages;

3. Le modèle d'affaires et les revenus projetés;

4. L'équipe qui va implanter le modèle d'affaires et gérer le projet;

5. L'investissement nécessaire pour supporter l'implantation du modèle d'affaires.

C'est comme un plan à l'intérieur d'un plan qui annonce en quelques pages ce que le lecteur pourra lire en détail par la suite.

La première étape de votre sommaire exécutif est cruciale pour garder le lecteur intéressé et vous devez vous concentrer sur ce qui est important. Apportez quelques points dans le premier paragraphe qui alerteront le lecteur à l'effet que vous êtes familier avec une opportunité de marché très lucratif. Vous étudiez cette opportunité depuis un bon moment et estimez ce marché à xxxx MM$ et sa croissance à YY %. Citer des références, articles de magazine, etc...

Voici un exemple;

> *L'énergie est essentielle pour le chauffage de milliards de gens dans le monde entier, consommant plus de 100 térawatts et générant 1/3 de tous les gaz à effet de serre. Globalement, ce marché est composé de 700 millions de maisons, 275 millions de bâtiments à appartements et bâtiments commerciaux. L'énergie consommée pour le chauffage de ces habitations a connu un taux de croissance de 4% par année et la consommation atteindra 135 TWh en 2020. L'EPA (Environmental Protection Agency), DOE (Department of Energy) et NREL (National Renewable Energy Laboratory) sont tous à la recherche de nouvelles solutions pouvant capter et conserver l'énergie solaire.*

Nous savons tous que le plan environnemental, les politiques sur l'énergie, la réduction des Gaz à effet de serre sont au centre des préoccupations des pays membres du G7. Cette situation engendre une multitude d'opportunités pour des solutions technologiques qui sont reliées par un dénominateur commun : l'ÉNERGIE.

Nous sommes maintenant prêts à insérer la deuxième étape qui présentera aux lecteurs un avant-goût de votre nouvelle solution visant à économiser de l'énergie

Le texte suivant est un bon exemple :

> *Le marché est maintenant prêt et favorable à l'introduction de nouvelles solutions technologiques qui minimisent les pertes d'énergie et réduisent la consommation. L'entreprise créée par John Smith, homme d'affaires innovateur, a mis au point une nouvelle cellule solaire **PVT** possédant une efficacité supérieure capable de combler jusqu'à 40% des besoins énergétiques du secteur résidentiel. La technologie **PVT**[1] est produite sous forme de système et vendue aux contracteurs autorisés du secteur résidentiel pour l'installation. Déjà le système **PVT** a reçu toutes les approbations nécessaires de l'EPA et DOE (Department of Energy) et devrait bientôt recevoir un brevet d'invention.*

Voilà un paragraphe très convaincant. Il souligne trois aspects importants pour notre sommaire exécutif :

1. Le marché est prêt pour la nouvelle solution.
2. La nouvelle solution est innovatrice, brevetée et permet d'économiser de l'énergie.

---

[1] Marque de commerce déposé.

3. La nouvelle solution a reçu l'approbation des autorités.

Rien n'est négligé pour rendre notre sommaire exécutif aussi convaincant que possible. La plupart des investisseurs et des sociétés de capitaux de risques sont très attirés par les technologies brevetées, car celles-ci procurent un avantage solide et durable. De plus, il s'agit d'un actif sur lequel ils peuvent s'appuyer pour enregistrer des garanties.

La troisième étape de notre sommaire exécutif est reliée au modèle d'affaires. Chaque entreprise est unique et il en va de même pour les modèles d'affaires. Ceux-ci doivent être rentables et faisables. Les investisseurs veulent voir de l'innovation à tous les niveaux. Prenez le temps de réfléchir à votre modèle et proposez une approche qui satisfait les attentes de vos futurs financiers. Les points importants de votre modèle touchent la diversification des revenus. Dans notre exemple, nous avons créé une stratégie de licence avec des droits d'exploitation, ce qui nous permet de générer des revenus de licences, d'équipements, de royautés et de revente de matières premières. Vous pouvez protéger chaque étape du procédé et contrôler la revente de votre technologie à tous les niveaux.

À ce stade votre investisseur a sorti une calculatrice de sa poche et a commencé à figurer une stratégie d'investissement. La proposition de revenu multiple comme stratégie de modèle d'affaires est attirante pour les investisseurs et vous devinez pourquoi.

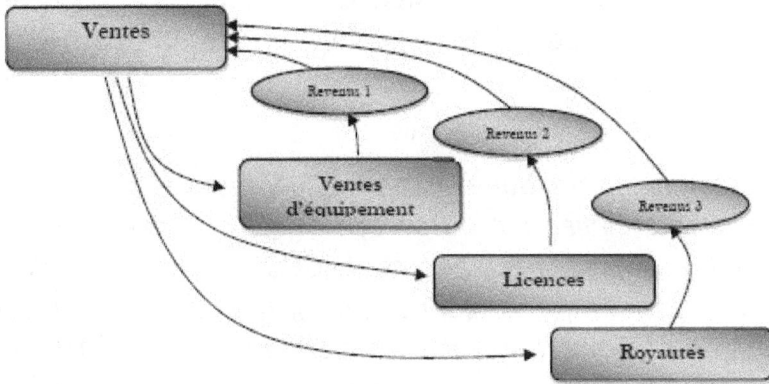

Modèle d'affaires

Le texte suivant, accompagné d'un graphique illustrant le modèle d'affaires, va nous permettre de compléter la troisième étape.

> *Le management a conçu un modèle d'affaires qui assure une multitude de revenu sous la forme de licences, de ventes d'équipements, de royautés et les droits de production des matières premières sur des territoires protégés. Le modèle d'affaires nous garantit des revenus sur quatre niveaux qui vont générer une croissance initiale de 200% pour cinq ans avec des revenus qui atteindront XX M$ pour l'an 2023.*

Dans la quatrième étape, nous présentons l'équipe de management. Dépendant du type d'entreprise, vous pouvez placer la présentation du management à une autre étape. L'équipe de management est cruciale pour livrer les résultats, mais aussi souvent cruciale pour le développement du produit. Il doit être clair pour le lecteur que le management possède le talent pour livrer ses promesses. La meilleure façon de démontrer le talent est de présenter les succès passés, les réalisations et les titres professionnels. Le texte suivant comble la quatrième étape.

> *L'équipe impliquée dans le développement et la commercialisation du système PVT a été réunie par John Smith, anciennement CEO de Star Heating, entreprise qui a connu un grand succès sur les marchés mondiaux atteignant des revenus de 100 M$ et des bénéfices supérieurs à la moyenne de l'industrie. John dirigera l'entreprise et relèvera le défi de présenter la technologie auprès des clients initiaux. Albert Stein, inventeur du système PVT assurera le soutien technique et le développement technologique. Albert est membre de plusieurs associations d'ingénieurs et possède une solide réputation auprès de ses pairs. La gestion des finances de l'entreprise sera assurée par Joseph Money, un vétéran directeur des finances et contrôleur chez Tour International. Il a mené deux entreprises à leur première offre publique (IPO) sur le marché NASDAQ. L'association entre messieurs Smith (CEO), Joseph Money (CFO) et Albert Stein (CTO) remonte à plus de 20 ans et ils combinent plus de 75 ans d'expérience combinés de succès.*

Finalement, nous arrivons à la cinquième étape et la dernière de notre sommaire exécutif. Nous avons souligné les détails d'une grande opportunité, décrit notre solution, présenté le modèle d'affaires ainsi que l'équipe et ses accomplissements. Maintenant, il faut montrer les résultats financiers que nous projetons atteindre et le

niveau d'investissement nécessaire pour réussir ce projet.
Voici un exemple :

> *Basée sur les approbations et les résultats d'essais,
> la compagnie a obtenu 2,5M$ de contrats durant le
> dernier trimestre pour fournir le système **PVT** et
> prévoit 24M$ de ventes pour la fin de l'exercice
> financier 2018. La compagnie pourrait connaître une
> croissance exponentielle compte tenu du nombre de
> contracteurs et de manufacturiers qui adopteront le
> système **PVT**. Par conséquent, le tableau ci-dessous
> montre des résultats projetés très profitable, mais
> tout de même conservateur :*

		AF 2018	**AF 2019**	**AF 2020**
Ventes	M$	4,0	12,0	24,0
Marge brute	%	30	32	33
BAIIA	M$	,600	2,5	5,0
RSI	%	24%	28%	31%

> *L'atteinte de ces résultats nécessite un
> investissement de 2,5M$ qui servira à acheter les
> équipements, implanter les opérations et financer la
> croissance.*

Fréquemment, le sommaire exécutif est la seule section
qui est lue par l'investisseur alors celui-ci se doit d'être
parfait, inspirant et convaincant. En effet, les investisseurs
et les banquiers reçoivent des centaines de plans d'affaires
et ne peuvent accorder la même attention à tous les plans.
Il faut donc miser sur la première section pour attirer
l'attention de notre lecteur. Et voilà !!! le sommaire
exécutif est prêt.

- *III* -

Le projet

Historique

Ici commence votre histoire, l'histoire de votre entreprise, de la nouvelle solution que vous planifiez de mettre en marché. Un peu de votre historique est requis ici sur vous, la nouvelle solution et comment vous voyez l'opportunité. La solution est probablement reliée à votre métier, votre profession, vos connaissances et votre expérience de ce domaine, ce qui vous rend passablement unique. L'historique d'affaires ou la description du projet aideront les investisseurs à comprendre l'interrelation entre vous, l'idée et le marché.

Généralement parlant, certaines personnes tendent à avoir une spécialité, quelque chose qu'ils font mieux que quiconque et pourraient devenir les meilleurs au monde à ce qu'ils font. Un tel talent peut générer d'impressionnantes solutions technologiques et combler des marchés très lucratifs. Prenez un moment pour décrire vos habiletés, celles qui vous démarquent des compétiteurs dans votre industrie. Le plus important, souligner les compétences qui vous ont permis de découvrir l'opportunité et développer la solution qui la comblera.

Nous avançons progressivement dans les détails, décrivant comment l'opportunité a été découverte et comment vous avez imaginé la solution. Très souvent, l'innovation se présente telle une inspiration. Nous imaginons une nouvelle façon de faire qui devient une méthode innovatrice ou un produit innovateur. D'ailleurs, l'innovation est le dénominateur incontesté des lancements d'entreprises. Les gens qui innovent sont les principaux créateurs d'entreprises, mais attention! Il faut rester concentré dans une industrie et résister à l'envie de révolutionner tous les domaines.

Description du projet

Cette section suppose que vous lancez une entreprise qui exploitera la nouvelle idée dans la mesure où le banquier, les agences de développement économique et les investisseurs vous appuieront.

Ici vous pouvez présenter autant de détails qu'il sera nécessaire pour que les lecteurs apprécient le projet. Essayez d'approcher la description du projet de façon progressive, comme une séquence d'événements menant au lancement de l'entreprise. Nous pouvons utiliser une cédule de gestion de projet présentant toutes les tâches importantes telles que montrées sur la page suivante.

Présenter les étapes auxquelles des investissements sont requis, tels que les achats d'équipements et leurs installations. Les procédés requièrent souvent un investissement important ainsi qu'une période de mise en marche et de rodage non négligeable. Il ne faut pas oublier l'embauche de la main d'œuvre et les alliances commerciales qui mèneront à la réalisation des revenus.

La cédule

Cédule de réalisation

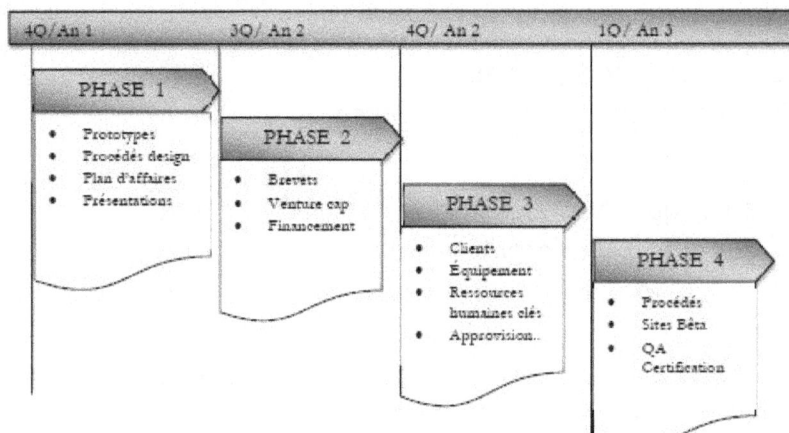

Votre cédule présentera de façon simple et concise les principaux jalons et phases de votre projet dans le temps. Si votre projet est créateur d'emplois, vous pouvez présenter un tableau qui montrera le nombre et le type d'emplois créés.

La solution

Comme mentionné précédemment, les entrepreneurs pensent constamment à de nouvelles façons de faire. L'innovation est leur mantra. Leur niveau d'observation est différent, plus concentré à concevoir de nouvelles solutions de tous genres.

Il est très important de bien décrire votre nouvelle solution pour retenir l'attention de votre audience afin qu'ils comprennent et apprécient l'utilité de vos nouvelles idées.

Une solution technologique a besoin de trois qualités maîtresses pour être retenue par les investisseurs et les banquiers, c'est-à-dire :

1. Un marché bien identifié.
2. Un prix acceptable.
3. Économiquement réalisable.

Peut-être que votre solution est brevetable, réduit la consommation d'énergie, la pollution et le CO_2 ce qui est une grande nouvelle qui vous rapportera des zillions de dollars. Si ce n'est pas le cas, pensez à une façon de présenter votre solution pour qu'elle soit reliée aux trois qualités ci-dessus.

Les avantages de votre solution constituent des éléments clés qui doivent être bien présentés dans votre plan d'affaires. Vous devriez mesurer les avantages de votre solution en termes de dollars et d'efficacité pour ensuite comparer l'ensemble de la compétition. Utiliser des exemples de découvertes passées qui visaient le même marché et montrer comment et pourquoi ils ont réussi. Aussi, vous pouvez énumérer les stratégies qui amèneront les clients à se procurer votre produit.

La propriété intellectuelle

La propriété intellectuelle (PI) telle que les brevets, marques de commerce, copyright et secrets industriels, est un actif important et une barrière à l'entrée de votre marché. La PI ajoutera de la valeur à votre entreprise, le type de valeur qui attire les investisseurs de capitaux de risques et d'équité privés.

Montrez à votre audience que vous êtes en contrôle de votre innovation et formulez une stratégie pour protéger et augmenter votre PI. Entamez des discussions avec une société de PI même si cela ne vous procure qu'une proposition. Vous aurez les principales directives pour débuter un plan de PI qui identifiera les principales protections à venir. Vous pouvez chercher les banques de brevets pour découvrir ce qui a été breveté jusqu'à maintenant. Les banques de brevets les plus connues sont;

United States patent and Trademark Office   www.uspto.gov

Bureau de la propriété intellectuelle Canada   www.cipo.ic.gc.ca

Patent Cooperation Treaty   www.wipo.int

La valorisation de l'entreprise par le biais de la propriété intellectuelle vous permettra d'attirer des fonds de capitaux de risques et des capitaux privés. Il y a des experts disponibles dans le domaine de l'évaluation de PI, mais vous pouvez faire une évaluation préliminaire de cette valeur même si vous devez vous contenter d'une valeur partielle. Une méthode complète d'évaluation de PI est présentée dans la troisième section.

Le modèle d'affaires

Dans cette section nous créons et présentons le modèle d'affaires. Il y a autant de modèles d'affaires qu'il existe d'entreprises. Nous devons être créatifs dans la conception d'un modèle qui sera efficace et facile à gérer. Dans notre exemple, les deux premiers niveaux de revenus que nous avons créés furent ceux que procurent les droits et les brevets. Nous avons créé une licence technologique territoriale assortie de royautés qui assure à chaque contracteur, un marché protégé. Les équipements requis pour la fabrication des systèmes constituent un autre niveau et les ventes de matières premières et de composant représentent le quatrième et dernier niveau de revenus. Chaque niveau est nécessaire et certaines licences peuvent se limiter à un nombre moindre de niveaux s'il y a alliance entre un distributeur et un manufacturier par exemple.

Vous comprenez que l'idée derrière la multitude de niveaux de revenus dans un modèle d'affaires réside dans le nombre illimité de possibilités d'alliances et d'opérations manufacturières locales et internationales que ceux-ci offrent.

Ce genre de modèle d'affaires se prête bien aux entreprises de développement technologique et certaines franchises. On ne parle pas ici de paliers multiples comme dans la vente des produits cosmétiques et les produits naturels pour la santé. Nous permettons plutôt à d'autres entreprises d'utiliser une technologie brevetée pour produire et vendre un système sous licence.

Un autre bon exemple de modèle d'affaires pouvant générer de multiples revenus est celui des franchises du secteur alimentaire. Il implique un revenu lors de la vente de la franchise et des revenus additionnels pour la vente de produits finis ou semi-finis que chaque franchisé doit acheter et revendre. Certaines franchises incluent aussi une royauté annuelle en fonction du volume d'affaires généré.

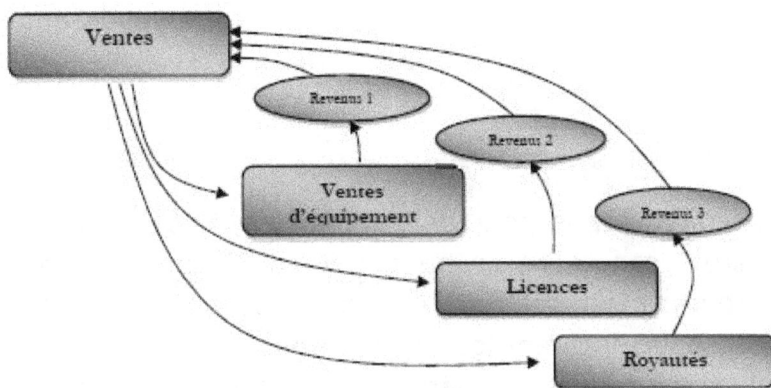

Modèle d'affaires

Les modèles d'affaires qui impliquent une licence fondée sur la propriété intellectuelle peuvent être reliés à du savoir-faire, un brevet de produit ou de procédé et une marque de commerce. Plus il y a de volets à une licence, plus il sera complexe de contrôler les revenus. Il faut donc que le modèle d'affaires soit limpide pour vous assurer la participation des investisseurs. Le but recherché, à part les revenus exponentiels, c'est le contrôle du procédé de fabrication qui vous assure d'être impliqué dans les autres étapes de la transformation. Il est primordial que le modèle d'affaires soit attirant pour votre client si vous souhaitez qu'il soit avec vous pour le long terme.

Finalement, dites-vous que le modèle d'affaires que vous devez concevoir aujourd'hui est un modèle initial et que celui-ci évoluera. Cette évolution pourra prendre plusieurs formes à mesure que votre expérience du marché progressera. D'autres produits, d'autres marchés et d'autres investisseurs se joindront à vous. En général, les sociétés de capitaux de risques possèdent des connaissances approfondies des stratégies de licence.

D'une part, ils vous feront bénéficier d'un investissement et d'autre part, de leurs connaissances.

Les coûts du projet

La première étape pour déterminer les coûts d'un projet consiste à construire un budget. Celui-ci devra énumérer les items capitalisables et les dépenses. Les items capitalisables incluent les équipements, la machinerie, les meubles de bureau, la bâtisse et l'outillage. La propriété intellectuelle fait aussi partie des items capitalisables, mais nous la traiterons séparément parce qu'elle fait aussi partie des actifs intangibles. Nous y reviendrons au moment de traiter de l'évaluation de la propriété intellectuelle. Tous les éléments capitalisables doivent être dépréciés sur une base annuelle et, selon certaines règles, appliqués par les comptables lors des examens annuels et de la préparation des états financiers. La plupart des actifs tangibles capitalisables peuvent être utilisés pour garantir des financements.

Les dépenses non capitalisables telles que les dépenses de développement de marché, les dépenses de recherche et développement, les fournitures de bureaux sont difficiles à financer. Ceci augmente le besoin de rechercher le support des gouvernements, en plus de l'injection de votre propre argent.

Les dépenses reliées à la fabrication des produits, tel que le matériel et la main d'œuvre peuvent être financés partiellement, voire 50% à 75% par une marge de crédit sur les inventaires ainsi que les comptes clients.

Vous devez organiser les dépenses par catégorie sur une base mensuelle et présenter un sommaire de ce que vous considérez comme étant les dépenses faisant partie de l'investissement de démarrage et celles reliées au prédémarrage, comme ci-dessous :

Description des coûts	*Montant*
Développement du produit	400 000 $
Équipement et usine	1 450 000 $
Procédé	350 000 $
Inventaires	300 000 $
Coût du projet	**2 500 000 $**

Pour faciliter la gestion des coûts et de l'investissement, il nous faut un plan financier structuré que nous avons développé sur un support Excel et que vous pouvez télécharger en communiquant avec :

BizPlansCoach@gmail.com

Celui-ci vous permettra d'effectuer des prévisions mensuelles et de produire l'état des résultats ainsi que les bilans projetés. Souvenez-vous que chaque dépense doit avoir sa contrepartie.

Financement du projet

Le financement d'un démarrage est un grand défi, mais nous avons fait nos devoirs et mesuré les risques diligemment. Vous devez créer deux sections dans votre plan d'investissement, c'est-à-dire, une section d'actifs tangibles et une section d'actifs intangibles. Tel que présenté précédemment, les actifs tangibles, telles que, équipements, usines, meubles peuvent faire l'objet de financement. Les dépenses intangibles telles que, les dépenses de développements de produits, de propriété intellectuelle et la mise en marché requièrent un investissement d'équité provenant de capitaux de risques et de vos propres économies. Dans certaines régions il existe des programmes gouvernementaux qui peuvent vous aider avec les dépenses non capitalisables, le fond de roulement. Pour ce qui est des salaires et des inventaires, nous comptons sur les ventes et le crédit bancaire.

Si nous reprenons notre tableau précédent en faisant la liste des investissements, on obtiendrait un scénario comme celui-ci :

Source de fonds	_Investissement_
Fondateurs	200 000 $
Financement d'actifs	700 000 $
Capitaux de risques	1 250 000 $
Aide gouvernementale	350 000 $
Investissement total	**2 500 000 $**

Vient s'ajouter le financement à court terme qui permet de financer les opérations en supportant une partie des inventaires et des comptes clients. Ce type de financement se trouve sous forme de marge de crédit et d'affacturage dans certains cas. Beaucoup de travail est requis pour réussir un bon financement et la qualité du plan d'affaires joue un rôle prédominant.

Les entreprises en démarrage et innovatrices ont accès à certains programmes d'assistances financières pour soutenir les activités de développement de produits et leurs commercialisations. Il y a aussi les incitatifs fiscaux qui soutiennent les activités de recherche et développement, la création d'emplois et la formation. Dans tous les cas vous devez présenter un plan d'affaires étoffé, c'est-à-dire possédant les détails requis par chacun des programmes offerts à l'entreprise.

Il est important de compléter la description du projet en ajoutant la répartition projetée de l'actionnariat tel que montré dans la figure de la page suivante. Vous pourriez toujours ajouter plus de détails reliés à la convention d'actionnaires et les termes d'investissements, mais soyons prudents de ne pas noyer le sujet. Aussi, l'ensemble du plan d'affaires doit tenir sur une trentaine de pages.

Investisseur

Capital de risque

Fondateurs
Investissement

+ In-kind

1,200 K $ USD

400 K$ USD In-Kind

600 K$ USD
Investissement

30%

70%

Newco

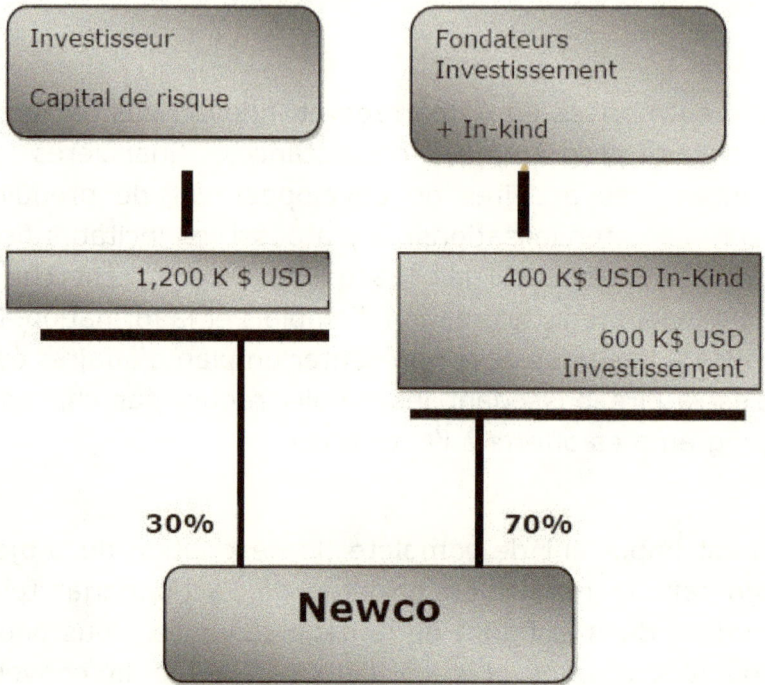

Actionnariat

- IV -

Le Management

La section du management est d'un intérêt critique pour les banquiers et les investisseurs. Ils sont sur le point de vous accorder leur confiance en vous remettant de très grosses sommes d'argent et se demandent à qui ils ont affaire.

Mission

La première étape de la section management consiste à formuler une mission si ce n'est pas déjà fait. La mission constitue les fondations de l'entreprise sur lesquelles reposent les stratégies et les objectifs. Les fondations doivent être solides et résister au test du temps. Habituellement, la mission est une combinaison du savoir-faire et des objectifs du management. Par savoir-faire on entend les compétences clés du management, ce qu'ils sont les seuls à pouvoir réaliser mieux que quiconque. C'est sur cela que l'on bâtit les fondations. Un exemple serait :

> *Devenir le leader mondial dans le secteur des systèmes d'énergies PVT.*

Voilà, c'est aussi simple que ça et tant que le management se concentrera sur cette mission, les probabilités sont que l'entreprise deviendra grande et dominante dans son secteur d'activité. Voyons quelques cas d'entreprises qui ont grandi et se sont écartés de leur mission;

Cas – Une entreprise privée œuvrait dans le domaine de l'instrumentation depuis sa création et ses vues forcées par les actionnaires d'élargir sa base de clients à d'autres secteurs s'éloignant de sa mission originale. Éventuellement entreprise X a perdu sa place parmi les spécialistes de l'instrumentation pour devenir un sous-traitant de produits électroniques industriels divers. L'impact de ce choix s'est mesuré sur des marges brutes beaucoup plus maigres. L'entreprise a cessé d'exister moins d'un an après avoir implanté sa nouvelle stratégie.

Cas - Bombardier - La mission originale de Joseph Armand Bombardier consistait à concevoir et fabriquer des motoneiges. Éventuellement, l'entreprise ajouta la moto marine et le VTT à sa production et ainsi équilibré sa production sur une base annuelle et enraillée les périodes de stagnation. La mission de l'entreprise était clairement orientée vers les véhicules récréatifs à partir de ce point. Des années plus tard, sous le règne nouveau de Laurent Beaudoin (gendre de monsieur Bombardier), la compagnie connut plusieurs phases d'expansion vers d'autres secteurs dont l'aéronautique. L'entreprise s'est vue offrir la compagnie Canadair accompagnée d'un contrat de maintenance de la flotte canadienne de F-18. Depuis ce jour, les gouvernements du Canada et du Québec n'ont cessé de s'impliquer financièrement chez Bombardier afin de relever l'entreprise. Encore une fois, une entreprise qui a bifurqué de sa mission originale se retrouve en difficulté. De plus, Bombardier a vendu sa division de véhicules récréatifs.

Cas - SNC/Lavalin - L'événement le plus marquant de l'histoire de la société est le mariage entre les deux plus grandes firmes canadiennes d'ingénierie, SNC et Lavalin en août 1991.

À compter de 1982, Lavalin entame une diversification tous azimuts qui va bien au-delà de son créneau traditionnel. La récession de 1990 pèse lourdement sur les activités du groupe et les difficultés du groupe font régulièrement la manchette. La société et ses filiales enregistrent des pertes et de mauvais investissements. Malgré les infusions de capital et les subventions des gouvernements du Québec et du Canada SNC/Lavalin continuera de faire face à des difficultés majeures qui n'ont comme point d'origine, une seule chose - la diversification.

Organisation

Chacun des membres de l'équipe possède des qualités et des forces uniques que vous exploiterez en assignant les bonnes responsabilités aux bons individus. Présenter l'organigramme est un bon départ, car celui-ci établit les rôles de chacun et ensuite vous devez décrire les responsabilités de chacun des postes. Un bref sommaire est suffisant pour les besoins du plan d'affaires.

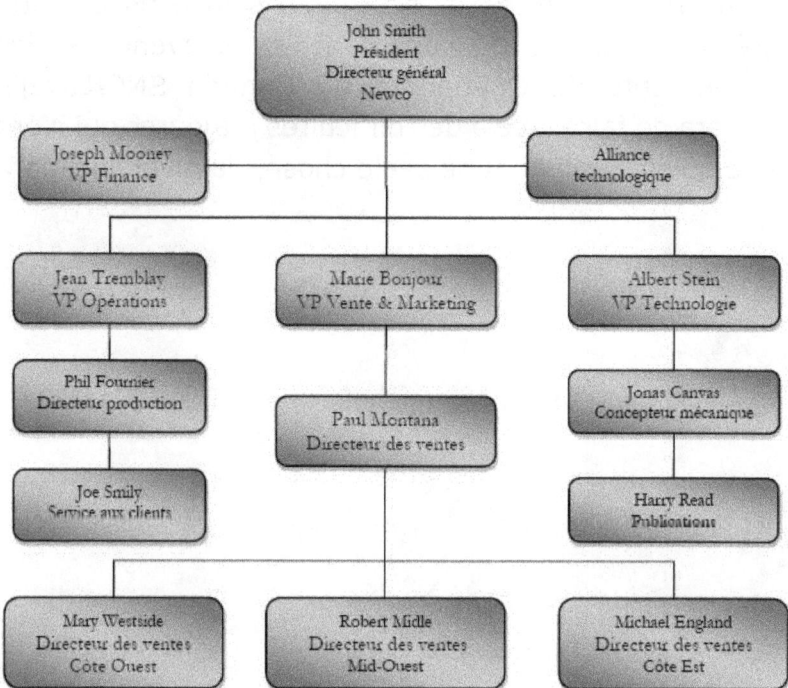

John Smith
Président
Directeur général
Newco

Joseph Mooney
VP Finance

Alliance
technologique

Jean Tremblay
VP Opérations

Marie Bonjour
VP Vente & Marketing

Albert Stein
VP Technologie

Phil Fournier
Directeur production

Paul Montana
Directeur des ventes

Jonas Canvas
Concepteur mécanique

Joe Smily
Service aux clients

Harry Read
Publications

Mary Westside
Directeur des ventes
Côte Ouest

Robert Midle
Directeur des ventes
Mid-Ouest

Michael England
Directeur des ventes
Côte Est

Noyau de compétences

Une analyse des compétences clés de chaque membre de l'équipe est nécessaire pour présenter le noyau de compétences de l'entreprise. Il s'agit généralement du même analyse que celui qui a conduit à formuler la mission de l'entreprise.

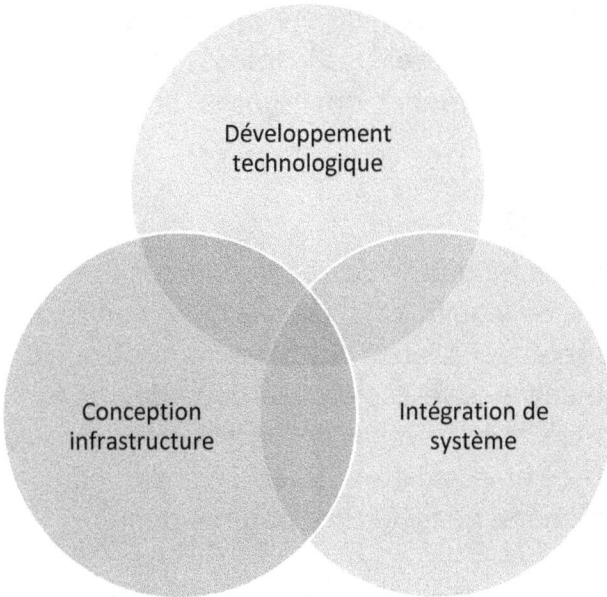

Exemple

À l'aide de sphères vous pouvez présenter les compétences clés qui s'associent. L'ensemble des compétences clés doit vous permettre d'extraire une domination de votre secteur d'activités. Un genre de dénominateur commun qui unit l'équipe et qui en même temps vous permet d'établir votre mission[2].

---

[2] Extrait du livre 'Strategy for small & medium size businesses' de Michel English

Les compétences clés ne se trouvent pas toujours à l'intérieur de l'organisation de l'entreprise. Il faut parfois se développer un réseau de compétences. Des spécialistes faisant partie du réseau universitaire, d'associations professionnelles, de centre de recherche et de centre locaux de développement pourraient faire partie de votre réseau de compétences. Ceux-ci sont appelés à fournir leurs opinions sur des sujets qui vous préoccupent à l'occasion des conseils d'administration ou lors de l'élaboration de projets d'envergures.

Leadership

Parmi l'équipe et toutes ces compétences, il y en a un qui ressort comme leader, celui qui maintien l'unité de l'équipe. Peut-être celui qui a lancé l'idée de réunir l'équipe. Possible que ce ne soit pas le cas et que vous deviez tirer au sort qui assumera le leadership de l'entreprise, mais je préfère croire que celui-ci existe déjà au sein de l'équipe. Le rôle de leader amène aussi le titre de président.

- V -

Le Marché

La description du marché va nous permettre de présenter l'opportunité que nous avons découvert avec tous les détails. Cette section devrait commencer par un résumé du marché et les segments de marché, les leaders et le volume de ventes combinées. Ensuite viendra la part de marché que nous visons et pourquoi nous l'atteindrons.

Ce qu'il nous faut pour décrire le marché, ce sont les informations. D'où peuvent provenir les informations d'un marché. Nous avons plusieurs options, mais j'en préfère deux à toutes les autres. La première option serait d'acquérir une étude de marché rédigée par une société experte dans ce domaine telle que; Frost & Sullivan ou Market Intelligence. Une étude de ce genre vous coûtera entre 5 à 10k$. L'autre option est de produire une étude de marché vous-même en analysant les principaux compétiteurs de votre industrie. Je préfère cette approche parce qu'elle vous apprendra beaucoup sur vos compétiteurs et le marché. Internet contient une vraie mine d'or d'information sur toutes les entreprises. Personnellement, j'aime bien utiliser internet pour accéder à des banques de données comme EDGAR qui contient les rapports annuels de toutes les entreprises cotées en bourse. Les rapports annuels contiennent plusieurs sections sur l'environnement compétiteur, les ventes par produits ou par segment qui vous permettront d'établir la taille de votre segment de marché. «Google finance» produit un sommaire sur chaque entreprise, dont les petites capitalisations.

Les associations vous permettront de découvrir quelles sont les foires commerciales annuelles ou tous les compétiteurs se rendent pour exposer leurs produits. Lorsque vous connaîtrez les compétiteurs, vous aurez une idée de la grandeur de votre marché, et en visitant les sites web de vos compétiteurs, vous apprendrez sur leurs forces et leurs faiblesses et les vôtres.

Vous pourrez présenter votre position par rapport à la compétition sur les aspects tels que la technologie et le positionnement sur le marché. Certes, votre entreprise ne peut être compétitive quant au positionnement sur le marché, car vous n'y êtes pas encore actif, mais du point de vue technologie vous devriez être en avance.

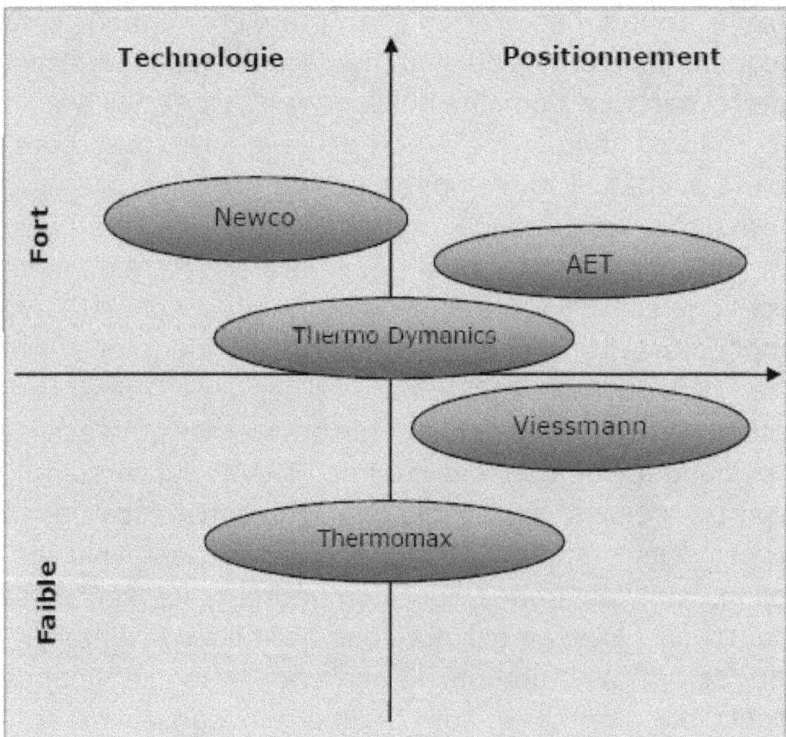

La figure de la page précédente montre ce genre de positionnement d'un point de vue marché et technologie.

Compétition

Dans cette section, vous présentez vos compétiteurs à vos investisseurs avec respect et honnêteté. Voyez les gens qui liront votre plan d'affaires comme une foule venue assister à une course entre cinq athlètes dont vous faites partie. La marge qui sépare le premier du deuxième n'est souvent que de quelques centièmes de seconde. Le deuxième est aussi un bon coureur, il fait partie de votre aréna. Et s'il n'y avait que vous parce que vous êtes dans une classe à part, il n'y aurait personne assis dans les estrades, juste vous sur la piste. En affaire c'est un peu la même chose, il y a toujours des compétiteurs. Alors, nous allons les étudier, faire des analyses et nous situer parmi eux. Une fois les analyses complétées nous saurons où nous nous situons et nous présenterons une fiche comparative dans notre plan d'affaires en prenant soin de répartir les parts de marché de chacun.

Nos compétiteurs immédiats sont souvent de taille similaire et nous pouvons savoir, avec passablement de précision, le niveau d'avancement technologique. Ce sont les deux facteurs qui nous intéressent le plus à ce stade. Une brève description de 7-10 lignes suffira à présenter chacun des compétiteurs.

Les facteurs influençant le marché

Nous devons aborder la situation du marché et ce qui l'affecte. Les règles d'exportation, les tarifs, les taux de change, le transport et le coût de l'essence, et bien d'autres facteurs influencent les marchés. Parfois, certains facteurs affectent votre entreprise et avantage la compétition. D'autres fois, c'est l'inverse qui se produit. Il est préférable de présenter ces facteurs dans le plan d'affaires et d'indiquer quel pourrait être l'impact sur les revenus et la profitabilité. Certains compétiteurs érigent des barrières à l'entrée de leurs marchés de sorte qu'une présence de votre part pourrait devenir plus coûteuse.

-VI-

Stratégies

Stratégies de base

Une stratégie d'entreprise peut être comparée à un scénario d'affaires impliquant plusieurs séries d'événements menant à une position avantageuse sur un marché. De fait, il peut y avoir plusieurs méthodes et de plans d'action à l'intérieur d'un scénario d'affaires permettant d'acquérir la position désirée.

À l'aide d'outils de comparaison, d'études de marchés et de données sur la compétition, vous pouvez y voir plus clair. Nous suggérons de subdiviser l'exercice stratégique en quatre sous-stratégies appelées les 4P;

La Place (le positionnement)
Le Produit
Le Prix
La Promotion

Le tableau de la page suivante propose des ensembles de stratégies sous chacun des thèmes. De plus nous vous présenterons des stratégies spécifiques touchant :

- La stratégie WEB
- Les stratégies de financement
- La valorisation de la propriété intellectuelle

Le développement de stratégies efficaces est un travail complexe qui doit se faire dans un processus organisé, car chaque stratégie possède une influence sur tous les aspects de l'entreprise.

Place

- Présence
- Force de vente
- Service
- Réseaux
- Implication
- Communauté
- Formation

Produit

- Diversification
- Licence
- Alliance
- J-venture
- R&D
- Qualité
- Garantie
- PI

Prix

- Basse/haute qualité
- Options
- Financement
- Rachat
- Certificat

Promotion

- Image
- Publicité
- Foire com
- Alliance/cause
- Visibilité

L'ensemble du plan stratégique a pour but de permettre à l'entreprise de croître d'une position x à une position y. Par exemple, si vous désirez acquérir une part de 5% d'un marché où vous n'avez aucune présence et 0% en ce moment vous allez devoir établir une présence, adapter le produit, concevoir une stratégie promotionnelle ainsi qu'une stratégie de prix. Devriez-vous embaucher du personnel provenant de ce nouveau marché? Et où les prendre? Chez l'un des compétiteurs? Lequel?

L'analyse FFOM

La première étape dans la formulation de stratégies consiste à déterminer d'où nous partons, quel est notre positionnement actuel et pour ce faire il y a entre autres l'analyse des forces, des faiblesses, des opportunités et des menaces. Nous allons étudier notre entreprise et mesurer notre performance en comparaison avec nos compétiteurs. Pour ce faire, il faudra compléter le tableau ci-dessous en fonction d'un marché bien spécifique. Nous utilisons toujours le même exemple présenté dans notre sommaire exécutif et notre plan modèle. Nous commencerons ici par énumérer les forces et faiblesses de notre entreprise et les placer dans le tableau FFOM ci-dessous. Évitons les petits détails et allons-y avec les points importants. Quand vous aurez complété les deux autres analyses qui consistent à présenter les opportunités et les menaces, vous serez à même de constater le chemin à faire et les décisions à prendre pour que vos nouvelles stratégies vous permettent d'atteindre vos objectifs, compte tenu du point de départ actuel.

FORCES	FAIBLESSES
• Brevets • Avantages technologiques • Procédé plus performant • Expertise	• Démarrage • Capacité financière limitée. • Positionnement.
OPPORTUNITÉS	MENACES
• Demande élevée. • Tendances du marché de l'énergie (protocoles). • Potentiel d'expansion par licence.	• Situation du marché financier. • Prix du baril plus sensible. • Politique gouvernementale

Vous devrez concevoir un message promotionnel, déterminer la clientèle visée par ce message et la présentation que vous voulez donner à votre produit. Comme vous pouvez le constater, la formulation de stratégies exige réflexion et analyse, car il existe une multitude de scénarios possibles pour atteindre votre but et certains de ces scénarios pourraient tout aussi bien vous en éloigner.

Aujourd'hui, il n'y a plus autant de papier et de procédés d'impression utilisés pour décrire les produits, leurs avantages et leurs spécifications. Cependant, il y a Internet, les stratégies de réseautage et les campagnes qui visent le recrutement de nouveaux clients. Nous vous présenterons la stratégie WEB complète de prospection des nouveaux clients.

Stratégies de produits

Il existe une multitude de stratégies de produits. Dans notre exemple, nous avons misé sur l'innovation et la licence, le genre d'innovation atteint par la recherche et le développement. L'entreprise a l'option de développer le produit elle-même ou de demander l'aide d'entreprises spécialisées dans ce domaine. Le point important ici est de contrôler la propriété intellectuelle, car c'est la PI qui permettra de contrôler le marché, d'obtenir les investissements et d'octroyer des licences de fabrication et de commercialisation. Cette stratégie a rehaussé de beaucoup le potentiel de notre plan d'affaires.

Nous aurions pu créer une alliance avec un laboratoire ou encore une université, mais il est souvent difficile de négocier la propriété de travaux de recherche et de développement effectués par d'autres organisations. De plus, une partie des matières premières sont produites par nous en utilisant un procédé unique et breveté. Cela élimine toute forme de contrefaçon et de manipulation des données de ventes.

L'acquisition et les royautés sont d'autres options. Vous devez analyser le potentiel de revenus avec précision pour ne pas compromettre tous vos revenus futurs.

Stratégies de prix

Comment établir le prix d'une technologie nouvelle, innovatrice et brevetée qui va permettre d'économiser des millions de dollars en énergie. Il faut justement que le prix ne vienne pas empêcher la réalisation des économies par les clients. Il faut aussi qu'une partie de ces économies vous revienne. Le modèle d'affaires nous informe intelligemment dans ce cas, car nous anticipons des revenus provenant de quatre façons différentes, dont des royautés en fonction de la performance du produit. Un prix pour les matières premières qui permettra à notre licencié de faire de bons revenus aussi. À chaque niveau il faut établir un prix et au départ, un prix pour la licence. Ce que le licencié est prêt à payer pour être en affaires avec nous et notre technologie.

D'autres stratégies de prix sont envisageables en fonction de la position que veut prendre l'entreprise sur le marché. Entre autres, le prix en fonction de la qualité, le prix en fonction de la performance et de la garantie. Vous pouvez offrir un produit de qualité égale, mais une garantie plus longue fera croire à une plus grande qualité.

Stratégies de positionnement

Quand vient le moment de pénétrer un marché, vous devez mesurer l'impact du positionnement. Devez-vous être présent sur ce marché pour que la clientèle vous fasse confiance et vous accueille? Parfois il faut plus qu'un bureau de vente et des représentants locaux. Il faut investir et créer des emplois locaux et s'impliquer localement.

La création d'une alliance fonctionne bien quand les deux parties savent exactement ce que sont leurs responsabilités. Vous paraîtrez plus local dans un cadre d'alliance que si vous installez des opérations locales.

Stratégies promotionnelles

Les stratégies promotionnelles comportent plusieurs volets dont : l'image, la publicité, les foires commerciales, les brochures techniques de produits et les barrières à l'entrée que procurent les actifs intangibles comme les marques de commerce, les copyrights et les slogans.

L'efficacité d'une stratégie promotionnelle repose surtout sur le budget dont vous disposez pour promouvoir vos produits.

Si vous devez penser sur le plan international, vous pourrez vous en sortir avec une littérature unilingue anglaise, mais la publicité produite dans les journaux locaux devra paraître dans la langue locale. Les coûts promotionnels reliés à la publicité deviendront vites hors de proportions. Il serait préférable de vous entendre avec votre allié local pour partager les frais promotionnels.

La stratégie WEB

L'implantation d'une stratégie web permet de recruter de nouveaux clients en les incitants à lire une étude réalisée par un expert concernant notre technologie. Nous appelons cette étude, un livre blanc et celui-ci est placé sur le WEB à des emplacements stratégiques tels que le site web d'une association, une université ou laboratoire d'essais. L'emplacement en soi apporte beaucoup de crédibilité et l'endossement du chercheur ou scientifique qui a rédigé l'étude viendra confirmer l'avancement technologique du produit.

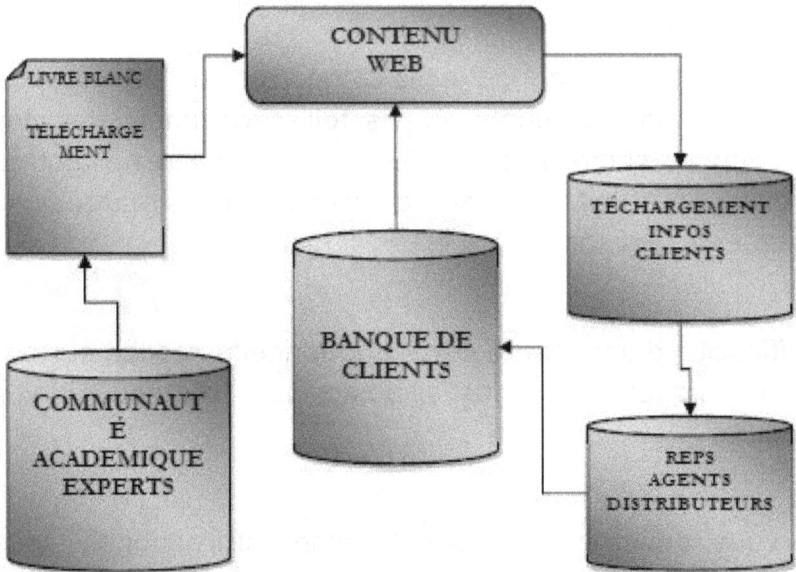

Une fois que les nouveaux contacts sont enregistrés dans la banque de données, une série d'infolettres est préparée et transmise par courriel aux clients enregistrés une fois par mois. Les infolettres présentent les nouveaux produits et incitent les clients à demander plus d'informations. Les clients rencontrent des représentants qui analysent les besoins des clients et sont en mesure d'établir le niveau d'économies d'énergies atteignable avec la résidence de chaque client.

Rendu à un certain point dans votre processus, soit le client vient à vous ou vous devez aller à lui. Si vous devez entreprendre la démarche de contacter le client, il est préférable d'avoir une méthodologie appropriée.

Stratégies directes

Nous sommes ce que nos relations perçoivent de nous. Seuls, sans notre réseau de relations nous ne sommes rien. Plus encore, notre performance dépend de la perception que nous créons chez nos relations. Il est donc impératif de communiquer le bon message à la bonne audience ce qui revient à créer le bon réseau de relations et de l'informer correctement. Nous devons investir le temps et l'énergie nécessaire à parfaire nos relations et à maximiser l'image et la perception que nos relations ont de nous pour atteindre nos objectifs.

Dans un premier temps, voyons quelques vérités à propos de toutes les clientèles. Tous les clients ont deux choses en commun; tous recherchent une valeur adéquate au meilleur prix, et tous recherchent une solution à un besoin ou problème. La plupart des clients ont peu de temps à investir dans l'évaluation des solutions offertes alors ils opteront pour une marque ou une image connue à moins que quelque chose de percutant fasse surgir votre entreprise ou votre solution du lot, ou à moins que vous ayez établi une relation avec ce client. Les clients à la recherche d'une solution visitent presque tous l'internet et votre site web constitue votre salle d'exposition, comment voudriez-vous y être accueilli? Vos clients éventuels aiment entendre parler ou lire à propos d'une solution. Personne ne veut acheter le produit inconnu qui promet de devenir connu.

Étape 1 - Comment choisir nos nouvelles relations ?
Deux types de relations sont nécessaires dans un réseau, les clients éventuels et les références, c'est-à-dire ceux qui peuvent nous référer à des clients éventuels.

Connaissez-vous bien vos clients?
Où se trouvent les clients éventuels pour votre solution ou votre produit? Dans quelles industries? Quelles associations regroupent les membres de ces industries?

Étape 2 - Comment contacter vos nouvelles relations?
Quels sont les moyens à votre disposition permettant de contacter les relations directement ou indirectement?
Visez-vous un groupe?
Visez-vous un contact individuel?

Étape 3 - Comment créer la relation?
Quel sera le contenu de votre message? Comment s'assurer que ce contenu intéressera le client éventuel au point de donner suite, de poser le geste qui fera en sorte que celui-ci devienne une de vos relations? Voici les principaux éléments du message qui permettront de créer la relation;

Le contenu du message fournit une image positive de votre solution !
Le contenu du message fournit une image positive de la relation !

Le contenu du message invite la relation à participer !

Connaissez-vous les besoins et les intérêts de vos relations éventuelles !

Stratégies de financement

Je vous présente ici plus d'une vingtaine de stratégies ou modèle de financement pour le démarrage ou le relèvement de votre entreprise.

Parmi les principes de base, il faut savoir que les financements nécessitent des garanties que doivent supporter les fondateurs de l'entreprise. Quand il s'agit d'équipements, d'inventaires et de comptes clients, les banquiers estiment habituellement à 50%, la valeur de revente de ces actifs s'il devait y avoir une liquidation. S'il s'agit de votre première entreprise, vous venez de prendre une douche froide, mais soyez rassuré, votre stratégie est sur le point de s'améliorer. En effet, au Canada le gouvernement peut servir d'endosseur pour des prêts d'équipements et de fonds de roulement pouvant aller jusqu'à 550,000 dollars. Ont appelle ce programme « Prêt aux Petites Entreprises, PPE »

Certaines institutions comme La Banque de Développement du Canada et Investissement Québec peuvent prêter en second rang. C'est-à-dire que ces agences acceptent les mêmes garanties, mais advenant une liquidation, le banquier se paiera avant le créancier de deuxième rang. Les agences gouvernementales qui ont pour mission de soutenir l'entrepreneuriat, peuvent faire ce genre de prêts.

Marges de crédits	Financements à termes	Équité
Inventaires	Équipements	Développement
Recevables	Procédés/outils	Mise en marché

Nous ne perdons pas de vue qu'un de nos objectifs est d'obtenir des capitaux en se servant de la propriété intellectuelle comme levier financier. En fait, tout le savoir-faire protégé peut être utilisé pour attirer des fonds. Les brevets, les marques de commerce et les copyrights sont les principales propriétés intellectuelles utilisées à cette fin.

Une stratégie de plus en plus utilisée par les développeurs consiste à produire un brevet provisoire avant la fin du développement afin de lever des fonds dans une phase de prédémarrage. Cette approche nécessite que la description du brevet demeure inchangée et que les revendications soient déposées dans un délai d'une année.

Une autre stratégie consiste à jumeler le capital de risque et le crédit d'impôt de recherche et développement. La combinaison des deux sources de fonds peut permettre le développement d'un concept ayant reçu l'aval du ministère préalablement.

Comme beaucoup de startups, votre projet a nécessité des années de recherche et développement et il est fort probable que vous aurez besoin d'investissements sous forme d'équité. Les capitaux de risques sont aussi le genre d'investissements qui vous permettra d'amener votre technologie jusqu'au bout.

Il existe des programmes d'aide pour entreprises de technologies qui vous permettront de compléter le financement du développement. Quand le savoir-faire est protégé, vous pouvez vous adresser aux sociétés de capitaux de risques. Il vous faut faire vos devoirs et présenter votre portfolio de PI et sa valorisation. Dans la section VII, nous présentons les méthodes de valorisation de la propriété intellectuelle.

Voyons plus en détails quelles sont les sources de fonds à votre disposition afin de combler les besoins de votre projet.

Le capital

Le capital investi par le ou les fondateurs d'une entreprise devrait être aussi diversifié que possible et représenter environ 25% de l'investissement total. Les investisseurs apprécieront la diversification de l'investissement et du financement. Votre propre participation attirera celle des membres de votre famille, ce que l'on appelle le «love money», une excellente source d'investissement et rarement une source de pression.

Si votre entreprise œuvre dans le secteur de la science et de la technologie, plusieurs options s'offrent à vous. Le capital de risque s'adapte bien au contexte de la science, de la technologie et de la R et D. Les sociétés de capitaux de risques sont nombreuses et généralement spécialisées. Vous trouverez assurément une société de capital de risque spécialisé dans votre secteur d'activité.

D'autres investisseurs se font appeler «Anges financiers» ou «Dragon». Ceux-ci prennent l'apparence de philanthrope, mais il n'en est rien. Parce qu'ils investissent au tout début d'un projet, le pourcentage de participation est souvent exagéré et la valeur de la propriété intellectuelle est sous-estimée. Soyez prudent et souvenez-vous que les anges n'existent pas et les dragons non plus. Un dragon ou un ange financier doit absolument avoir l'expérience de l'entrepreneuriat et reconnaître la valeur de l'innovation. Beaucoup de dragons ont côtoyé des entrepreneurs en tant que conseiller économique ou fonctionnaire, mais cela ne remplace pas l'expérience de l'entrepreneuriat et vous devrez vivre avec un membre du conseil qui voit les choses d'un œil amateur. Cela dit, il faut prendre le temps d'étudier ce genre d'investissement.

Les investisseurs d'équité privée sont souvent des entrepreneurs qui ont réussi et qui disposent d'une somme importante à investir. Il y a aussi des entreprises dominantes qui disposent de capitaux à investir. La technologie et la propriété intellectuelle rendent les startups technologiques très attirantes pour ces investisseurs.

Les programmes d'aides

Les programmes d'aides sont nombreux et touchent la main d'œuvre, l'équipement et la machinerie, les procédés de fabrication, l'innovation, la recherche et développement et la mise en marché. Il y a pour ainsi dire, des programmes d'aides pour chaque type de dépense. Voyons-les plus en détail;

- La création d'emploi en période où le chômage est élevé peut vous mériter une aide à plusieurs niveaux. Règle générale, la recherche de candidat, l'adaptation et la formation sont les principales motivations. Emploi-Québec gère tous les aspects reliés à la main d'œuvre.

- Les besoins en équipement, machinerie et procédés de fabrication relève de Développement Économique Canada «DEC» ou Industrie Canada qui met à la disposition des entrepreneurs une panoplie de solutions d'aide financière et de financement adapté aux besoins des entreprises.
- L'innovation a toujours été le centre d'intérêt premier de Conseil National de la Recherche du Canada (CNRC) avec une gamme de programmes tel que le PARI. Ce programme comporte un réseau important de conseillers scientifique qui vous guidera à travers les divers aspects de votre demande et du processus de protection intellectuelle.
- L'Agence du Revenu du Canada administre le programme de crédits d'impôt pour la recherche scientifique et le développement expérimental. Depuis sa création le programme de crédits d'impôt a été le pilier du financement de la R et D. Les gouvernements provinciaux participent aussi à ce programme à des niveaux différents selon la province où les travaux sont effectués.
- Au Québec le Fonds Local d'Investissement FLI est administré par les municipalités et offre du financement pour des projets de démarrage d'entreprise ou l'implantation de projets de fabrication ou l'implantation de filiale.
- Des programmes de soutien à la démarche de mise en marché, d'exportation et de positionnement sur des marchés étrangers existent auprès de plusieurs ministères dont Le Ministère de l'Économie et de l'Innovation, Investissement-Québec et Développement Économique Canada. Les programmes supportent la majorité des dépenses de mise en marché, voire même une partie du salaire de la personne responsable de la mise en marché.

Le financement

Il existe un nombre incalculable de possibilités de financement. Je vais présenter ici les principales sources de financement;

- Les marges de crédit bancaire couvrant les inventaires et les comptes clients font généralement partie de l'offre du banquier visant à couvrir les opérations. Les fournisseurs offrent du financement à leurs clients selon les volumes d'achats et les conditions de la clientèle. Ce financement est essentiel aux opérations, mais n'entre pas en considération dans le calcul du financement de démarrage.
- Le financement le plus utilisé par les entreprises en démarrage et les startups technologiques qui passent au stade de la production se nomme le Prêt aux Petites Entreprises PPE. Celui-ci permet d'obtenir un prêt bancaire assortie d'une garantie gouvernementale allant jusqu'à 90% advenant la perte du capital. Toutes les banques offrent le programme PPE.
- La Banque de Développement du Canada BDC a pour mission de soutenir l'entrepreneuriat canadien avec une gamme variée de financement couvrant les équipements et les immeubles.
- Développement Économique Canada DEC offre des prêts de capital et de fonds de roulement assorti de conditions avantageuses telles que congé de remboursement du capital pendant la phase de démarrage.
- Investissement Québec offre une gamme étendue de financement allant de financement de crédits d'impôt,

financement de programme d'exportation, d'équipement et de productivité.

- De nombreuses sociétés offrent des financements par crédits bail. Ceux-ci ont des avantages et désavantages. Lorsque le même équipement participe à un programme d'aide, il faudra vérifier la compatibilité des critères de financement vs aide.

Modèles de financement

Imaginons ici quelques modèles de financement afin de voir comment nous pouvons utiliser les différents outils de financement à notre disposition.

Scénarios de financement pour un projet de 600k$ dont; 300k$ en équipement et 300k$ de mise en marché. Le projet ne comporte pas de travaux de recherche et développement préalable au lancement de l'entreprise.

1. Scénario

Mise de fonds 150 k$ (peut inclure des bourses, prix et love money)

Financement PPE 250 k$ (80% de l'équipement garanti à 90%)

Financement DEC 200 k$ (2e rang sur équipement + 50% mise en marché)

2. Scénario

Mise de fonds   150k$

Financement BDC 300 k$ (80% de l'équipement, implantation et rodage)

Financement DEC 150 k$ (50% de la mise en marché)

Scénarios de financement pour un projet impliquant une phase de R et D de 500 k$ et l'achat de 300 k$ d'équipement lors du démarrage. Le projet de R et D a reçu l'aval de l'ARC. Lorsque l'entreprise est appuyée par une société de capital de risque, les crédits d'impôt peuvent servir à l'acquisition d'équipement. Généralement, lorsqu'il y a un investisseur de capitaux de risque dans un projet, les fondateurs se rabattent sur la propriété intellectuelle pour établir leur niveau de participation.

3. Scénario

Mise de fonds   500 k$ (capitaux de risque)

Crédits d'impôt   300 k$ (environ 60% des salaires admissibles)

Financement DEC 300 k$ (acquisition d'équipement)

4. Scénario

Mise de fonds	500 k$	(capitaux de risque)
Crédits d'impôt admissibles)	300 k$	(environ 60% des salaires
Financement BDC	300 k$	(acquisition d'équipement)

5. Scénario

Mise de fonds	500 k$	(capitaux de risque)
Crédits d'impôt admissibles)	300 k$	(environ 60% des salaires
Crédit-bail	300 k$	(acquisition d'équipement)

Même scénario de financement pour un projet impliquant une phase de R et D de 500 k$, l'achat de 300 k$ d'équipement lors du démarrage et un coût de mise en marché de 300 k$. Le projet de R et D a reçu l'aval de l'ARC. Lorsque l'entreprise est appuyée par une société de capital de risque, les crédits d'impôt peuvent servir à financer la mise en marché. Le DEC peut aussi être appelé à contribuer pour la phase de mise en marché à hauteur de 50%.

6. Scénario

Mise de fonds	500 k$	(capitaux de risque)
Crédits d'impôt admissibles)	300 k$	(environ 60% des salaires
Financement DEC et équipement)	300 k$	(50% de la mise en marché
Financement BDC installation + rodage)	240 k$	(50% de l'équipement +

Les projets impliquant une phase de R et D nécessitent une mise de fonds importante afin de couvrir les salaires de R et D. De là l'importance du capital de risque. Advenant un délai dans le processus d'octroi des crédits d'impôt, Investissement Québec offre du financement de crédits d'impôt dans l'intérim. Alors, supposons le même scénario que le précédent, soit 500 k$ de capitaux de risque, l'achat de 300 k$ d'équipement lors du démarrage et un coût de mise en marché de 300 k$. Le projet de R et D a reçu l'aval de l'ARC.

7. Scénario

Mise de fonds risque)	500 k$	(capitaux de
Investissement Québec des crédits d'impôt)	270 k$	(environ 90%
Financement DEC en marché et équipement)	300 k$	(50% de la mise
Financement BDC	240 k$	(50% de l'équipement + installation + rodage)

D'autres options de financement sont réalisables afin de supporter le développement technologique en attendant l'arrivée des crédits d'impôt de RS&DE. Investissement Québec offre plusieurs types de financement de crédits d'impôt, voire même sur une base trimestrielle.

-VII-
Valorisation de la propriété intellectuelle

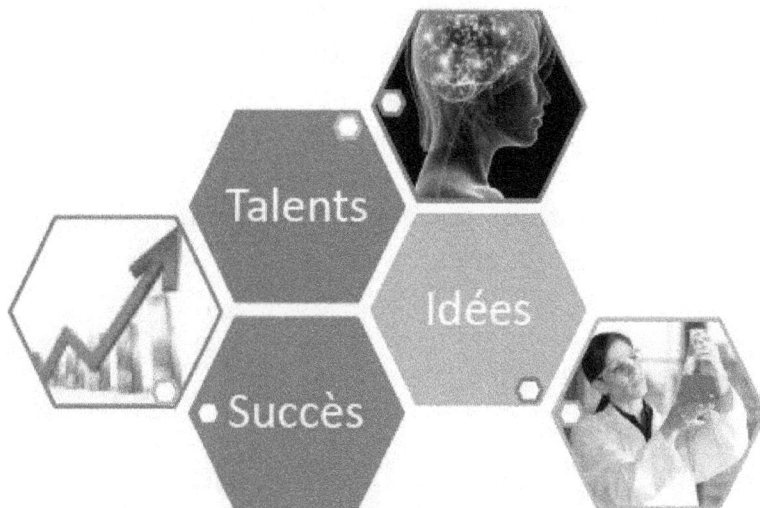

COMMENT ÉVALUER ET INTÉGRER LA VALEUR DE LA PROPRIÉTÉ INTELLECTUELLE DANS LE PLAN D'AFFAIRES

ÉTAPE 1 – Créer un portfolio PI

Votre projet/société possède assurément des valeurs qui ne sont pas documentées. Nombre d'intangibles (actifs incorporels) tel que la propriété intellectuelle et le savoir-faire n'atteignent jamais le bilan parce qu'ils ne sont jamais utilisés pour cautionner une dette ou un investissement. Mais au moment de négocier des capitaux, privés ou institutionnels ou encore de vendre un projet, les actifs intangibles prennent toute leur importance. Savoir-faire, brevets, algorithmes, processus, secrets, ententes, licences et copyrights constituent le cœur d'un projet et une part importante de sa valeur ; ce pour quoi vous avez travaillé toutes ces années.

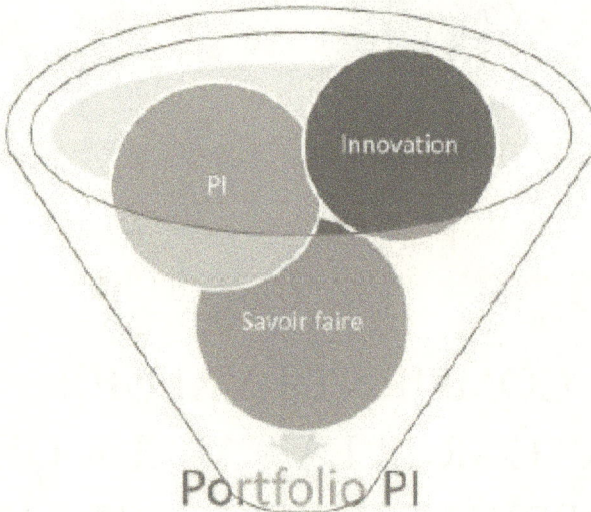

La propriété intellectuelle est l'œuvre des cerveaux. Le système juridique des droits de propriété intellectuelle transforme en actif le résultat du travail d'innovation créant une valeur pouvant être négociée.

Dans un projet de recherche ou société, l'ingéniosité et l'innovation se manifestent tous les jours sous forme d'idées, de concepts, d'inventions, d'informations, de résultats d'analyses, de formules mathématiques, d'algorithmes et autres éléments incorporels nouveaux et originaux qui peuvent faire partie intégrante des processus, produits et services si indispensables à notre vie quotidienne. Comment documenter et quantifier la valeur de cet actif pour qu'il puisse être utile en tant que levier financier ? La réponse est dans la création d'un portfolio de propriété intellectuelle et sa méthode d'évaluation. Le portfolio de propriété intellectuelle nécessite une méthodologie de renseignement chronologique permettant de retracer son évolution. Ainsi, à certaines étapes, les divers enregistrements tels que les demandes de brevets, copyright et marques de commerce peuvent être effectués dans l'ordre et évalués selon la méthode la plus appropriée.

ÉTAPE 2 - Où trouver les intangibles de PI ?

Les valeurs intangibles (incorporelles) de propriété intellectuelle se trouvent dans les travaux de recherche, les processus et les produits développés, dans le cadre d'un projet de recherche ou le développement d'une société. Celles-ci prennent la forme de découvertes, de brevets, de secrets industriels, de licences technologiques, d'analyses, de copyrights et bien d'autres. Explorer, localiser et documenter les intangibles de propriété intellectuelle constituent un exercice des plus importants lors de l'évaluation. La propriété intellectuelle est en perpétuel développement par les personnes clés d'un projet ou d'une société. Nous ne voyons pas ces valeurs si elles n'apparaissent pas au bilan,[3] mais elles sont là, dans chaque produit, procédé, processus et document. À mesure que le projet ou la société évolue, nombre d'intangibles de type PI sont relégués aux oubliettes et parfois, les découvertes, inventions et secrets sont mis de côté. Non pas intentionnellement, mais parce qu'il faut choisir les priorités, celles qui nous permettront de demeurer compétitif. Conséquemment, lors de la vente d'un projet, d'une licence technologique ou d'une société, le manque de renseignement concernant la propriété intellectuelle potentielle réduit d'autant la valeur.

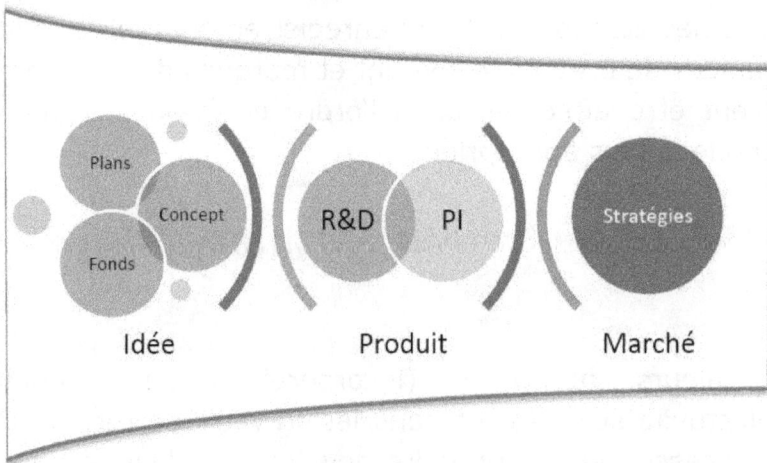

---

[3] Les corporations publiques misent sur des systèmes des plus minutieux pour documenter la valeur des actifs intangibles et pour déposer les brevets, copyrights et marques de commerce.

Il y a une solution. Vous pouvez mettre en place un processus d'exploration vous permettant de trouver, de documenter et d'évaluer l'innovation passée. Le tout réuni dans un portfolio de PI qui s'intègre efficacement à l'évaluation ou le plan d'affaires de la société. L'exploration des valeurs intangibles peut dégager des sommes substantielles en plus de fournir des arguments de négociation plus solides. La recherche, les processus et les nouveaux produits produisent la majeure partie (80%) de toute la propriété intellectuelle. Vous devez donc chercher l'innovation créée lors des projets de recherche antérieure. Les dossiers de réclamations de crédits d'impôt sont un bon point de départ pour documenter la recherche offrant un potentiel de propriété intellectuelle.

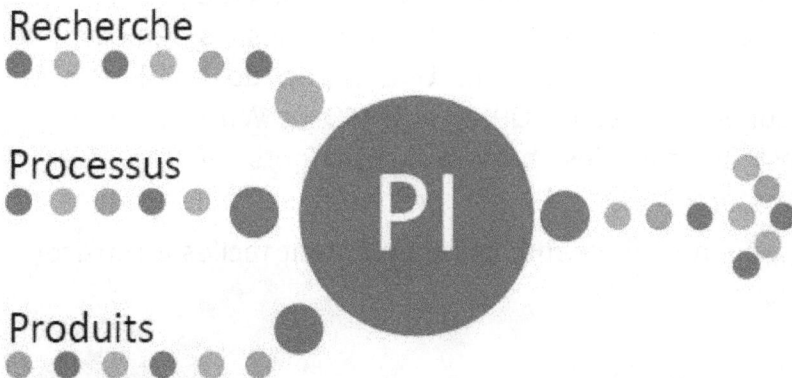

Principales sources de PI

En examinant les projets de recherche scientifique et de développement expérimental passés et les rapports scientifiques de RS&DE, nous allons :

Premièrement, quantifier le savoir-faire et l'innovation créés par l'entreprise et le documenter. Deuxièmement, identifier la PI qui doit être protégée[4]. Troisièmement, documenter toutes les ententes, contrats de sous-traitance qui ont permis de générer ou d'acquérir la PI, l'innovation et le savoir-faire.

Les idées, concepts et les travaux de recherche qui s'ensuivent renferment une multitude d'innovations qui peuvent mener à de la propriété intellectuelle enregistrée ou tout du moins à du savoir-faire. Dans les deux cas, une valeur peut être établie. Une partie de la PI doit être documentée selon l'OPIC, l'USPTO et WIPO selon le cas. C'est le cas des brevets, copyrights et marques de commerce. Cette PI est préparée selon les règles des organismes dirigeants et relativement faciles à retracer·

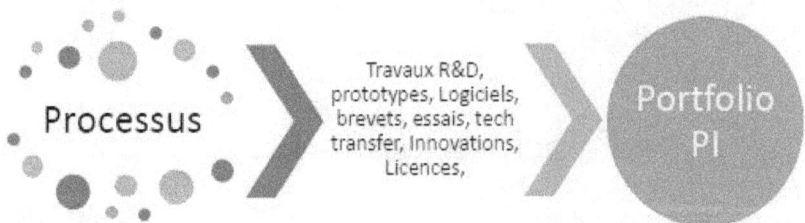

Les processus qui émanent de travaux de recherche sont maintenant presque toujours protégés par des brevets et

---

[4] Il est pratique courante pour une stratup de déposer un brevet provisoire lors du démarrage et de recourir au document final (dépôt des revendications) lorsque les capitaux sont en place.

renferment une multitude d'aspects innovateurs de savoir-faire qui permettent la production de solutions, composés, matériaux, matières premières et la réalisation d'autres processus plus complexes. La PI doit être préparée selon les règles des organismes dirigeants. L'ensemble de l'innovation est documenté et intégré au portfolio PI.

Produits > Concept, Idées, innovations, dessins, logiciels, savoir-faire, brevets, essais, licences, > Portfolio PI

Les produits et leurs utilités renferment une quantité importante de propriétés intellectuelles. Celles-ci confèrent des avantages concurrentiels à plusieurs niveaux, de l'image de l'entreprise à la perception des produits jusqu'aux marques de commerce et les slogans. Rien n'est négligé pour influencer les clients à choisir le nouveau produit. Le portfolio PI regroupe tous ces éléments dont la valeur doit être déterminée en fonction du positionnement obtenu.

Chaque produit et chaque processus est lié à un marché ou segment de marché lequel est soutenu par la propriété intellectuelle. De cette façon, nous pouvons mesurer l'impact de la PI sur les projections financières à long terme de la société opérante.

ÉTAPE 3 - Évaluation du portfolio PI

L'exploration de valeurs PI fouille, localise et documente des éléments qui ont une incidence importante sur le niveau de certitude et de précision des projections financières à moyen et long terme. Ce processus bâtit un portfolio et l'utilise pour appuyer le chercheur et son projet ou le fondateur et sa société.

La valeur projetée d'un projet ou d'une société constitue le paramètre déterminant lors d'un investissement ou d'une vente. Pour y arriver avec justesse, il faut une bonne connaissance et analyse des marchés visés par la recherche, le processus ou le produit.

La propriété intellectuelle doit être évaluée à partir d'une méthode fiable et acceptée pour que celle-ci obtienne la crédibilité souhaitée. Il existe plusieurs méthodes pour évaluer la technologie, les brevets, copyrights, les secrets industriels et autres.

L'évaluation est un exercice difficile, et souvent subjectif. Le propriétaire d'un bien corporel, la personne intéressée à l'acheter, celle qui le finance et celle qui l'assure auront des façons différentes d'évaluer, et cela malgré le fait qu'il s'agisse d'un actif identifiable, dont la valeur se mesure dans une devise courante. Autrefois, les actifs étaient évalués sur la base de leur coût d'origine amorti et leur valeur était directement liée à la rentabilité qui en était attendue. Depuis quelques années, toutefois, et plus précisément depuis que les sociétés de la "nouvelle économie" génèrent des bénéfices sans précédent, cette méthode ne s'applique plus de manière systématique. Cela tient principalement au fait que ces sociétés utilisent des actifs incorporels, et notamment des technologies, dont l'évaluation est plus complexe et plus subjective que celle des actifs corporels !

Toutefois, il existe plusieurs méthodes pour évaluer la propriété intellectuelle. Compte tenu de la présence d'un élément de subjectivité et de l'influence des données sur lesquelles sont fondés les modèles d'évaluation, elles produisent toutes des résultats différents. Elles fournissent néanmoins une indication utile, en ce sens qu'elles fixent les limites à l'intérieur desquelles des arrangements financiers peuvent être négociés, non seulement en ce qui concerne les montants, mais aussi les conditions de leur règlement.

La méthode du coût

L'investissement effectué dans un projet de solution technologique représente la somme des dépenses engagées pour la mettre au point, la protéger et la commercialiser. L'investisseur connaît le montant de ces dépenses, et l'acquéreur peut en faire une estimation relativement précise. C'est ce montant que l'entrepreneur voudra récupérer au minimum, rendement en sus. Toutefois, dans le cas d'une licence si celle-ci n'est pas exclusive ou si elle ne porte que sur un territoire limité, l'acquéreur de la licence pourra faire valoir que le montant de l'investissement ne devrait pas être mis entièrement à sa charge. Il peut aussi arguer du fait qu'une partie des dépenses de recherche n'a pas produit de résultats et ne devrait donc pas être pris en compte, ou qu'il devra lui-même consentir un investissement en vue de la commercialisation de la technologie. En fait, l'acquéreur de licence peut même faire valoir que les frais exposés par le donneur de licence ne le concernent pas du tout, qu'il s'intéresse à ce que la technologie puisse apporter à sa société, et non à ce qu'elle a pu coûter à une personne à laquelle il n'est pas lié. Il arrive aussi souvent que le donneur de licence ne révèle pas le montant réel de ses frais de développement, et que l'acquéreur de licence n'ait aucun moyen de le découvrir.

Ce dont les parties ont réellement besoin, c'est d'une idée réaliste des frais de développement investis par le donneur de licence et de leur incidence sur les montants qu'aura à payer l'acquéreur de licence.

La méthode du revenu

L'acquéreur doit disposer d'éléments lui permettant d'espérer que la technologie à laquelle il s'intéresse aura une incidence positive sur ses résultats. Il peut, pour cela, procéder à une évaluation par la méthode du revenu, qui consiste à estimer, en se fondant sur des approximations (ou, si possible, des mesures plus précises), le bénéfice que la nouvelle technologie est susceptible de générer. Les parties devront arriver à un terrain d'entente et établir des objectifs contractuels basés sur les résultats. Les éléments de risques entreront en considération, tel que le risque encouru selon le degré d'avancement atteint par la technologie concernée (de conceptuelle à opérationnelle), l'investissement requis, la propriété intellectuelle et le marché.

Le donneur de licence doit faire valoir l'avantage compétitif qu'en tirera l'acquéreur et traduire cet avantage en part de marché et en revenu.

La méthode de la valeur au marché

Bien qu'il existe des études disponibles dans la plupart des secteurs, celles-ci sont souvent trop générales. Toutefois, ce peut être un point de départ servant à identifier les segments de marché et l'acquéreur cible.

L'octroi de licences de technologie est une pratique courante. Il est donc probable que des transactions similaires soient intervenues dans le secteur ou le marché visé. Si c'est le cas, cela constitue une excellente manière de déterminer un barème de valeurs pouvant servir à établir la valeur recherchée. Il est évident qu'une technologie exactement comparable n'existe pas, mais il existe probablement des technologies ou des innovations à l'intérieur du segment de marché visé qui ont procuré une avance ou un avantage compétitif du même ordre. Un tel avantage se traduit par des augmentations de parts de marché quantifiables sur différents territoires. Qui sont les compétiteurs qui se partagent le marché actuel et quelles sont les probabilités qu'un ou plusieurs compétiteurs développent une technologie comparable et en combien de temps ? Parfois, même si le leader d'une industrie possède la capacité de concevoir une innovation, il a peut-être avantage à en discuter avec vous.

La portée de la protection intellectuelle déterminera les territoires sur lesquels l'acquéreur pourra exploiter la licence de technologie.

ÉTAPE 4 - Comment intégrer le portfolio PI et son évaluation dans le plan d'affaires ?

Maintenant que le portfolio de propriété intellectuelle est documenté, nous allons l'intégrer au plan d'affaires en prenant soin de relier la PI avec les résultats de recherche, de processus, de produits et les segments de marché.

Notre premier objectif doit être d'introduire les principaux volets du portfolio selon le contexte et les enjeux auxquels le chercheur ou la société doit faire face ainsi que la rivalité de l'environnement compétitif. Il faut souligner le ou les avantages technologiques créés par la recherche.

Deuxièmement, nous mettons l'emphase sur la présentation des valeurs intangibles dans le but de rehausser ou d'appuyer la valeur de l'entreprise sur les différents segments de marché. Quantifier les valeurs intangibles rehausse le processus de préparation du plan d'affaires, le rend plus complet et appuie les analyses comparatives et compétitives ainsi que les projections financières à long terme. Nous avons déjà positionné l'entreprise sur le marché et indiqué la part de marché anticipé grâce à la propriété intellectuelle. Ce n'est plus qu'une question d'arithmétique que d'associer les revenus futurs d'un segment et d'un marché à une partie de la propriété intellectuelle. Nous devons faire le même exercice sur chacun des segments et marchés. Le lien entre le contrôle d'une part d'un marché et la propriété intellectuelle est important si vous voulez convaincre votre investisseur. La démonstration doit être faite.

Troisièmement, nous intégrons l'image, la mission et le marketing MIX de l'entreprise pour fournir un document unique et valorisé. À chaque étape du plan d'affaires, l'emphase est portée sur la valeur des éléments clés du savoir-faire et de la propriété intellectuelle, tels que ;

- Le modèle d'affaires
- Les noyaux de compétences
- Les contrats, ententes et licences
- Les brevets, découvertes, inventions et idées brevetables
- Les copyrights existants et ceux à préparer
- Les marques de commerce

Les avantages sont nombreux ; partant de la négociation de capitaux à la vente de licences, et même la vente du projet ou de la société. Assurément le propriétaire et/ou le fondateur ont tout à gagner.

Nous intégrons ces critères de façon méthodique pour concevoir un plan d'affaires qui atteint les objectifs.

-VIII-

Plan d'affaires modèle

Plan d'affaires modèle d'une entreprise qui propose l'introduction de systèmes solaires thermiques pour réduire la consommation d'électricité, de mazout ou de gaz. Des systèmes de chauffage et de déshumidification solaires sont proposés par l'entreprise lesquels sont alimentés par des collecteurs solaires capables de produire 3 Mwh/an chacun.

Plan
d'affaires

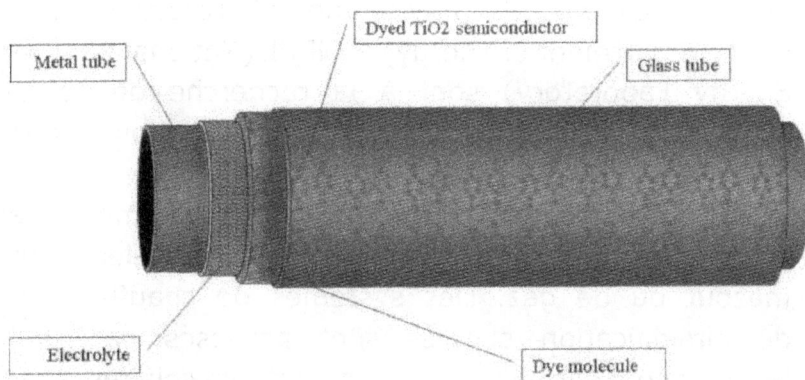

Metal tube

Dyed TiO2 semiconductor

Glass tube

Electrolyte

Dye molecule

SYSTÈME
PVT

Newco Inc.

Sommaire exécutif

L'énergie est essentielle pour le chauffage des maisons presque partout dans le monde, consommant ainsi plus de 100 térawatts-heure et générant plus du tiers de toutes les émissions de gaz à effet de serre. Globalement, ce marché est composé d'environ 700 millions d'habitations, 275 millions d'appartements et de bâtiments commerciaux. La consommation d'énergie augmente au rythme de 4% annuellement et atteindra 135 térawatts-heure en 2020. L'EPA (Environmental Protection Agency), DOE (Department of Energy) et NREL (National Renewable Energy Laboratory) sont à la recherche de solutions capables de freiner l'escalade de consommation d'énergie.

Newco Inc. propose l'introduction de systèmes solaires thermiques pour réduire la consommation d'électricité, de mazout ou de gaz. Des systèmes de chauffage et de déshumidification solaires sont proposés par NEWCO lesquels sont alimenté par des collecteurs solaires capables de produire 3 Mwh/an chacun. Ceux-ci sont jumelés par banque de collecteurs pouvant totaliser des milliers de mégawatts. NEWCO compte sur l'innovation pour s'assurer un bon positionnement dans des niches où l'amélioration énergétique constitue la priorité numéro un. Il s'agit là de marchés en forte croissance qui permettront à l'entreprise de dégager des bénéfices rapidement et de soutenir ses besoins de fonds de roulement.

Le management a conçu un modèle d'affaires qui assure à l'entreprise des revenus dès le démarrage sous la forme de frais de licences, dépôt sur des livraisons d'équipement et, plus tard, des royautés en fonction du niveau de production. Ce modèle d'affaires comportant plusieurs niveaux permettra une croissance de 200% pour les trois premières années.

L'équipe de management impliquée dans le déploiement de la technologie solaire thermique fut réunie par John Smith, ancien PDG de Polestar Heating, laquelle il a menée de 1M$ à 100M$ de ventes et une présence internationale en seulement cinq ans. John Smith assurera le leadership de l'entreprise en plus de relever le défi d'introduire la technologie auprès des clients et de superviser les opérations initiales.

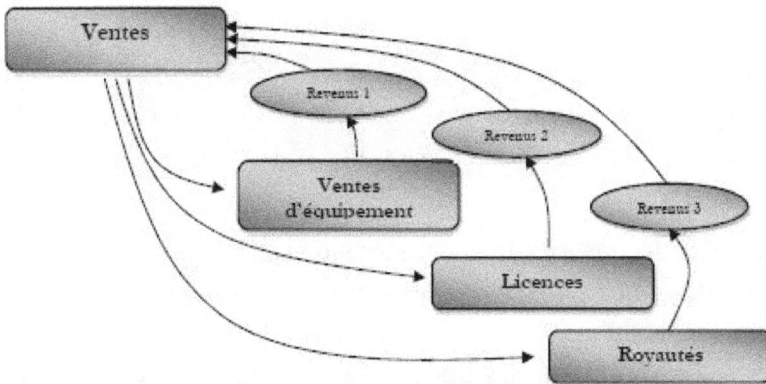

Modèle d'affaires

Les aspects reliés à la technologie seront assurés par Albert Stein, membre de plusieurs associations vouées à l'ingénierie et à la science. Il jouit d'une réputation enviable et possède plusieurs brevets d'invention. La gestion des finances de l'entreprise sera assurée par Joseph Mooney, un vétéran de la finance, gestionnaire et contrôleur chez Tour International. Il a mené deux entreprises à leur première émission d'actions publiques (IPO) sur le marché NASDAQ. L'association entre M. Smith, PDG, Joseph Mooney (Directeur financier) et Albert

Stein (Directeur technique) remonte à plus de 25 ans, et ensemble ils ne combinent pas moins de 75 ans de succès.

Fondé sur les approbations reçues et les résultats de tests, NEWCO a obtenu des commandes à ce jour totalisant 1,5 M$ pour la fourniture de collecteurs solaires et envisage l'atteinte de 4M$ de ventes pour 2014. Parce que la compagnie possède la propriété intellectuelle de sa technologie et de certaines applications, les ventes connaîtront une croissance à mesure que de plus en plus de foyers opteront pour le chauffage solaire. De ce fait, NEWCO envisage un démarrage de ses opérations très profitables tel que le montrent les projections suivantes :

		An 1	**An 2**	**An 3**
Ventes	M$	1,0	2,0	4,0
Marge brute	%	42%	42%	41%
BAIIA	k $	180	360	730
RSI	%	15%	29%	59%

L'atteinte de ces résultats nécessite un investissement de l'ordre de 2 M$ pour l'implantation des opérations et pour alimenter la croissance de l'entreprise. Les stratégies de sortie des investisseurs sont déjà prévues et incluent trois options possibles :

1. Rachat des actions par le trésor.

2. Rachat lors de la deuxième ronde de capitaux de risques.

3. Rachat ou conversion lors d'une première émission publique.

Le taux de retour sur l'investissement devrait atteindre 15-20% l'an et projeté après considération faite d'une réserve prudente visant à soutenir la croissance de l'entreprise.

TABLE DES MATIÈRES

TABLE DES MATIÈRES (Suite)

1.0   DESCRIPTION DE L'ENTREPRISE

1.1   SOMMAIRE

Newco Inc. conçoit, fabrique et commercialise des produits et des applications énergétiques solaires. Créée en 2000, l'entreprise a d'abord développé un collecteur solaire thermique qui est à la base de toutes les applications solaires commercialisées. Parmi les principales solutions offertes, il y a:

1. Chauffage d'eau sanitaire

2. Chauffage ambiant

3. Chauffage de la piscine

La technologie a été conçue par Albert Stein responsable du développement technologique. Des essais effectués par une firme spécialiste du prototypage ont démontré la faisabilité technique et économique du produit et des applications.

Les solutions innovatrices ont été présentées lors d'une occasion de réseautage ou John Smith et Joseph Mooney, deux vétérans et entrepreneurs chevronnés, ont été rencontrés. Cette nouvelle équipe décida de créer NEWCO et de développer davantage les aspects techniques et opérationnels de l'entreprise et de présenter le projet lors d'une activité de réseautage de la Côte Est dans le but de dénicher du capital de risque.

L'équipe de fondateurs a réussi en peu de temps à établir la supériorité et l'unicité de la technologie et déposa des brevets internationaux couvrant les concepts, le procédé et l'équipement. De nombreux prototypes ont été construits et démontrés auprès de clients dans le cadre de foires commerciales.

L'entreprise est maintenant prête à implanter ses procédés de fabrication et produire une gamme complète de capteurs solaires, ce qui nécessitera un investissement de 2M$. L'emplacement probable de l'entreprise sera la ville de Montréal au Québec laquelle est une localisation idéale pour les fondateurs, ce qui facilitera la logistique du transport.

La première étape consistait évidemment à concevoir un plan d'affaires et des projections financières reflétant chaque étape du démarrage dans ces trois premières années d'opérations. Pour concevoir leur plan d'affaires, les fondateurs ont fait appel à Plans-Stratégies, une société privée spécialisée dans la rédaction de plan d'affaires dans les secteurs technologiques. Lorsque complétés, les fondateurs présenteront le plan d'affaires et la technologie devant un groupe d'investisseurs de capitaux de risques, lors d'un événement « Cleantech » à Boston Massachusetts.

Cédule de réalisation

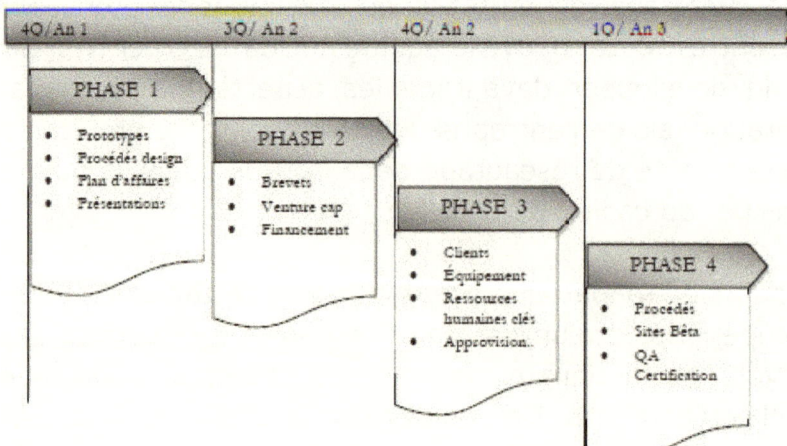

Pendant la période d'analyse financière et de revue diligente, les fondateurs se concentreront sur le démarrage de l'usine, laquelle comporte plusieurs tâches importantes comme le montre la cédule de réalisation.

Des clients potentiels seront visités dans le but de concrétiser cinq sites d'essais. Ces clients seront identifiés surtout en passant par le secteur de la construction. Les sites d'essais consistent principalement à des installations surveillées et dont le suivi technique assure que les ajustements et modifications se refléteront dans le produit final.

L'implantation du processus de gestion de la chaîne d'approvisionnement et de l'assurance de la qualité est prioritaire et demande beaucoup de préparation. Les fournisseurs de matériaux de fabrication et d'équipement doivent être identifiés, évalués et certifiés.
Lorsque l'investissement sera concrétisé, les achats et la planification finale pourront débuter. À cette étape, les procédures de contrôle de la qualité seront implantées et l'usine se préparera pour l'audit et la certification. Cette phase critique comporte plusieurs tâches qui culmineront en un démarrage parfait.

1.2   OBJECTIFS D'AFFAIRES

1.2.1 MISSION
La mission de l'entreprise est de devenir le chef de file technologique de son industrie et de maintenir un haut niveau de satisfaction de sa clientèle à travers des produits innovateurs et de qualité supérieure.

1.2.2 OBJECTIFS DU MANAGEMENT

Le management a élaboré un plan axé sur le contrôle et l'efficacité des fonctions clés en soutenant :

Gestion de projet

- Équipes responsables

- Planification

- Cédules de réalisation

Finance

- Contrôle des coûts

- Amélioration des marges

- Inventaire minime

- Collection rapide

- Règles serrées avec les sous-traitants

Technologie

- Innovations « Green & clean »

- Amélioration énergétique

- Implanter un processus de gestion des applications

1.2.3 MODÈLE D'AFFAIRES

Le modèle d'affaires a été optimisé pour livrer des revenus de plusieurs sources, soit par la vente d'équipement, de licences technologiques et de royautés. Le modèle d'affaires est illustré ci-dessous.

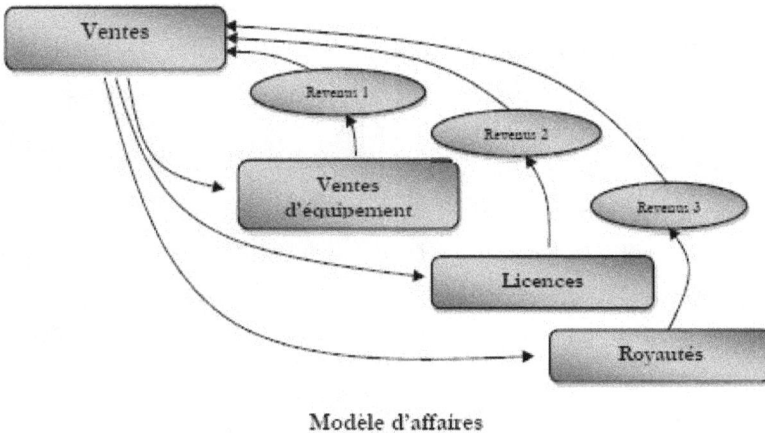

Modèle d'affaires

Figure 2, Modèle d'affaires

1.3   RESSOURCES

Les ressources humaines requises pour la fabrication et l'assistance technique du produit requièrent plusieurs corps de métiers. La majorité des nouveaux employés ont été identifiés et sont prêts à se joindre à l'entreprise. Un plan de formation sera élaboré pour assurer que les principes technologiques et l'innovation soient transmis aux nouveaux employés.

Les principaux postes incluent :
- Opérateurs de procédés
- Techniciens
- Électriciens
- Assembleurs
- Ingénieur de projet

Soixante-dix nouveaux emplois seront créés sur la période de trois ans du plan d'affaires. Le plan des salaires et taux horaires montre 20M$ de salaires et 8M$ de déductions à la source sur trois ans.

1.4   PRODUIT/SOLUTION

La technologie utilisée par NEWCO pour obtenir le meilleur rendement d'absorption de chaleur solaire est appelée **Système PVT©. Le système PVT©** est un semiconducteur dont la géométrie permet de capter l'énergie photovoltaïque et thermique d'une valeur combinée de 800W/m². L'optimisation de l'absorption de lumière solaire est essentielle.

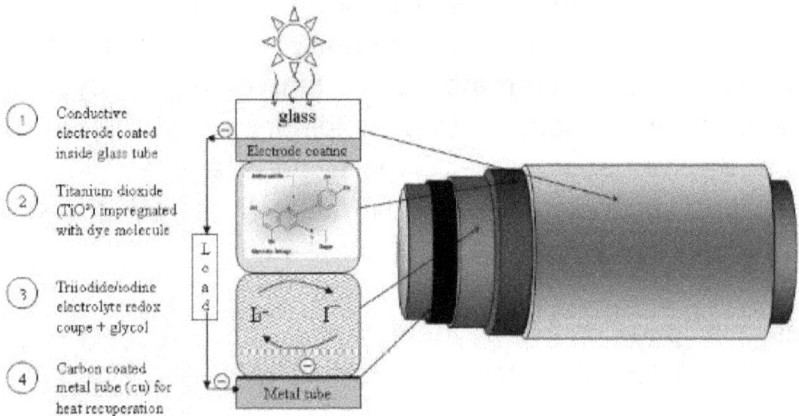

Le soleil fournit une radiation constante de 1000 Watts/m². 75% de cette radiation est convertie en chaleur lorsque les photons d'énergie frappent la surface du collecteur solaire. Par conduction thermique, cette énergie (chaleur) est récupérée au centre des cellules et stockée jusqu'à utilisation dans des réservoirs qui sont reliés au système de chauffage et d'eau sanitaire de la résidence. Les collecteurs peuvent être jumelés avec d'autres technologies formant ainsi des systèmes aux applications très variées.

L'énergie solaire disponible varie selon la latitude, le temps de l'année et l'heure de la journée. Selon nos études et les données de NREL, à la latitude 40 (Boston), le soleil fournit 1,650 kWh/an/m². Les collecteurs solaires NEWCO comportent 2,15 m² et peuvent fournir au-delà de 3,000 kWh/an.

1.4.1 INNOVATION

Les collecteurs solaires du **système PVT©** produisent jusqu'à 800 Wh/h/m² d'énergie, les rendant beaucoup plus performants que la plupart des produits compétiteurs. NEWCO a conçu un produit d'une performance inégalée et facile à installer. Les matériaux utilisés sont plus sensibles aux radiations solaires et peuvent atteindre des températures plus élevées. Les collecteurs sont modulaires et se raccordent facilement grâce à un système d'encrage.

Le processus d'innovation de l'entreprise s'appuie sur une méthodologie développée au Massachusetts Institute of Technology (MIT). La figure ci-contre illustre ce processus qui met en perspective les objectifs économiques et techniques pour livrer des idées innovatrices et des résultats commercialisables. Le management a introduit ce processus dès le début des travaux de recherche et développement du nouveau produit. Cette décision a permis de compléter le développement en moins de temps et à moindre coût. De plus, l'acceptation par la clientèle se fera plus rapidement, facilitant l'introduction du produit sur le marché.

D'un point de vue énergétique, les collecteurs solaires du **système PVT©** pourraient combler un marché très important. En effet, le chauffage ambiant et l'eau chaude représentent 16,7% de toute l'énergie consommée en Amérique du Nord. Il s'agit d'une solution viable et durable qui nécessite que très peu d'entretien.

1.4.2 PROPRIÉTÉ INTELLECTUELLE

NEWCO a déposé deux brevets internationaux et des marques de commerce pour protéger sa propriété intellectuelle. L'entreprise prépare présentement une stratégie de propriété intellectuelle avec un agent de brevets. La compagnie complétera le dépôt de son portfolio de propriétés intellectuelles aussitôt que l'investissement sera concrétisé. Toute la propriété intellectuelle a été créée par les fondateurs et a été assignée à la compagnie selon les termes d'une licence conditionnelle. Des licences additionnelles seront accordées en fonction des territoires au coût de 100K$.

1.4.3 ÉVALUATION

La propriété intellectuelle de la compagnie est composée d'une demande de brevet pour le design du système PVT que le management et ses experts ont évalués comme suit :

Valorisation de la propriété intellectuelle (en dollars canadiens)[5]

---

[5] Évaluation en annexe, effectué selon la méthode du revenu projeté.

	An 1	An 2	An 3
Valeur actuelle initiale	125,000		
Valeur en fin d'année[6]	836,169		
Valeur au 31-12-02[7]		2,262,949	
Valeur au 31-12-03			6,162,651

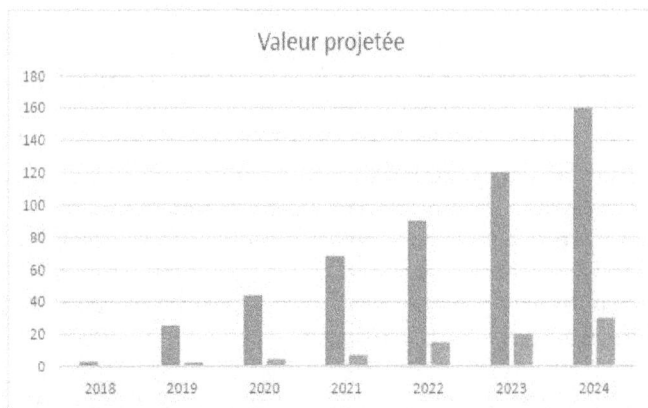

Valeur projetée

L'évaluation de la propriété intellectuelle a été faite sur la base de la valeur actuelle des bénéfices futurs générés par la technologie sur sept ans.

La valeur de la propriété intellectuelle a été estimée pour les besoins de négociation d'une participation par une firme de capitaux de risques. Des bénéfices nets de 79M$ seront générés grâce à la technologie au cours des sept prochaines années.

	2018	2019	2020	2021	2022	2023	2024
Revenus(M$)	3	25	44	68	90	120	160
Bén net	0	2,5	4,4	7	15	20	30
Inv.	2,5	1,2	0	0	7	0	0
RSI	-27%	11%	35%	36%	45%	43%	51%
Valeur PI(M$)	32	29	37	45	60	85	96

---

[6] Valeur aux livres projetées au 31-12-2020.
[7] Si les ventes et les bénéfices se matérialisen

1.5   FONDS

Utilisation des fonds

Équipement	300 000.
Équipement de développement	250 000.
Projetsbêta	250 000.
Développement de marché	1 200 000.

Coûts totaux	**2 000 000. $**

Sources des fonds

Fondateurs	200 000.
Capitaux de risques	1 200 000.
Licences	300 000.
Prêt aux petites entreprises	300 000.

Total des fonds	**2 000 000. $**

1.6   ACTIONNARIAT

Les fondateurs sont les actionnaires de la compagnie. Ils ont tous entériné la convention d'actionnaires. Les actions émises sont toutes des actions ordinaires votantes.

Actionnaires	Participation votante
John Smith	33 %
Albert Stein	33 %
Joseph Money	33 %

La répartition du capital action après l'investissement de capital de risque sera comme suit :

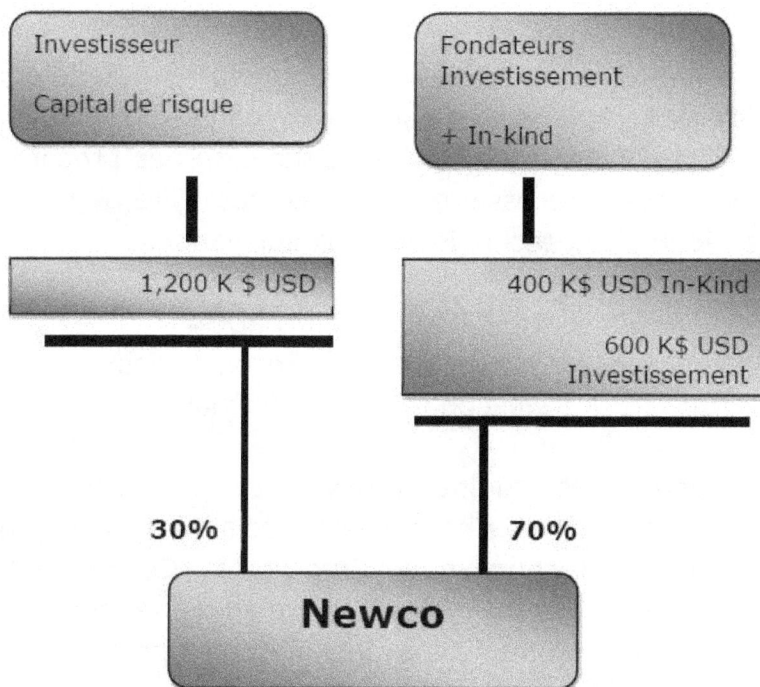

2.0   LE MANAGEMENT

2.1   ORGANISATION

John Smith dirige la compagnie et procure le leadership nécessaire assisté par son équipe de vétérans de la finance et de la technologie. Des consultants externes procurent les services nécessaires en comptabilité, gestion stratégique, PI et technologie de l'information.

Les fondateurs sont: John Smith, PDG
                          Albert Stein, VP Technologies
                          Joseph Mooney, VP Finance

Les fondateurs et l'équipe de développement forment un noyau de compétences hautement spécialisé qui constitue un avantage technologique important. Ceux-ci sont familiers avec le secteur de l'énergie et des applications énergétiques résidentielles ayant fourni des produits à ce même marché.

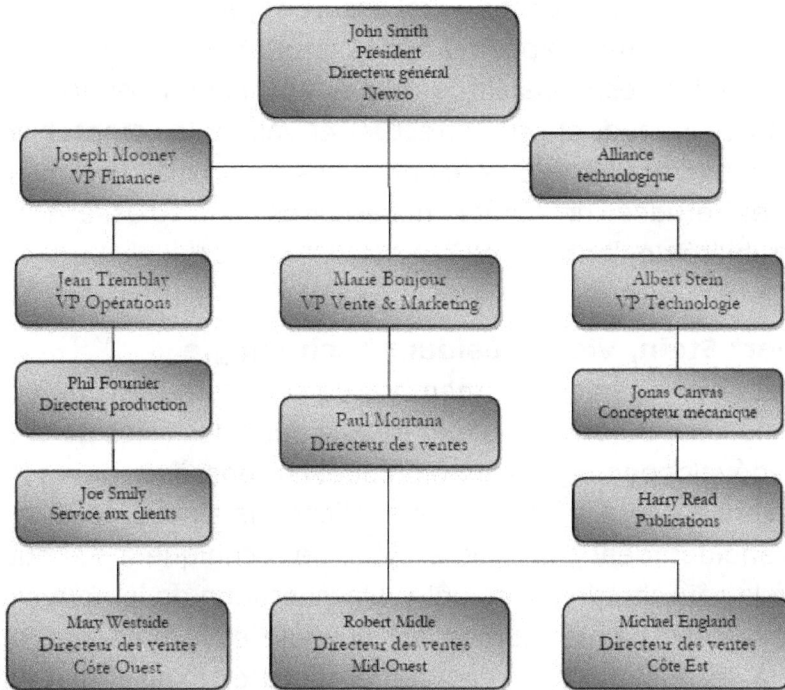

2.2   RESPONSABILITÉS

John Smith, PDG

John Smith occupera le poste de président et directeur
général. Entrepreneur, inventeur et co-fondateur de la
compagnie, il possède une vision d'ensemble de
l'entreprise sous tous ses aspects ; autant du côté du
développement de marché que du côté de la technologie.
Il est innovateur et soucieux de l'importance d'une
stratégie de développement et d'innovation pour la
croissance de l'entreprise. Son expérience, aussi variée que
concrète, et son grand intérêt pour l'actualité d'affaires et
économique maintiendront l'entreprise en position de
force.

Joseph Money, Vice-président finance

La gestion des finances sera assurée par Joseph Money. L'entreprise fera appel à un comptable externe pour occuper les responsabilités reliées aux divers services de comptes à payer et pour effectuer et valider la comptabilité de l'entreprise, produire les analyses de prix de reviens et autres études de coûts nécessaires afin d'assurer la rentabilité de l'entreprise.

Albert Stein, Vice-président Technologie

Albert est ingénieur et membre de plusieurs associations en plus des 30 années d'expérience dans des rôles de chef du développement technologique. Il possède plusieurs brevets à son actif dans des applications similaires. Il est le candidat idéal pour mener l'équipe technique à ses buts et à la réussite des sites bêta. L'acceptation de la nouvelle technologie par le marché est cruciale et la présentation de la technologie lors des conférences et expositions est de la plus haute importance.

Jean Tremblay, Vice-président Opérations

La responsabilité de gestion des opérations sera assurée par Jean Tremblay, ingénieur en production automatisée, gradué de l'École de Technologie supérieure en 1985. Cofondateur de l'entreprise, Jean détient le savoir nécessaire pour accomplir les multiples tâches que présente son implication dans l'entreprise. Tout d'abord, il devra superviser la fabrication des collecteurs, leur certification et le bon fonctionnement de l'usine.

2.3   COMPÉTENCES CLÉS

L'Équipe de fondateurs possède l'expérience et les compétences clés pour mener NEWCO vers ses buts avec succès. En plus de posséder l'expertise nécessaire dans les principales sphères de la gestion, les fondateurs ont été impliqués dans des projets de démarrages similaires par le passé. Dans tous leurs projets précédents, les fondateurs ont réussi à atteindre leurs objectifs.

La figure ci-dessous illustre les compétences clés de l'équipe et de chacun des fondateurs menant aux compétences nécessaires pour assurer le succès du projet.

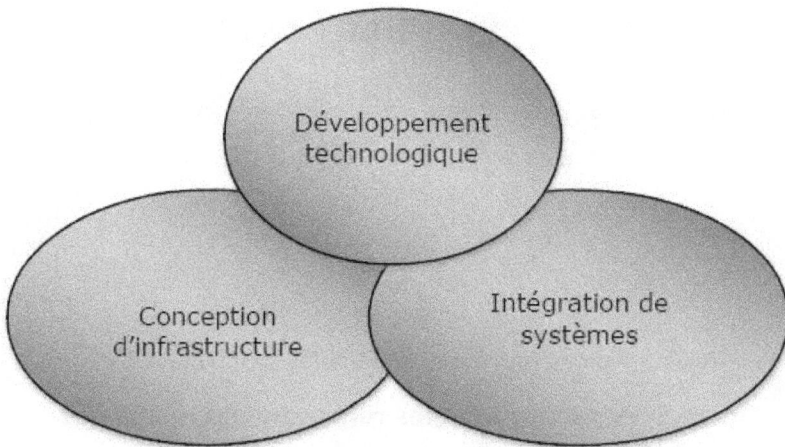

3.0   MARCHÉ
3.1   SITUATION GÉNÉRALE

Le marché visé représente un segment de 4%[8] de l'industrie des énergies renouvelables, lequel compte 300 gigawatts de capacité installé à l'échelle mondiale, exclusion faite de l'hydroélectricité de grande puissance. Ce secteur produit 16,7% de l'électricité mondiale soit 1.4 x 10^{12} kWh au coût de 98 milliards de dollars US. Les systèmes solaires fournissent de l'eau chaude dans 40 millions de foyers dans le monde et 8 Gigawatts d'énergie dans des applications industrielles soit environ 2% de la production mondiale d'énergie.

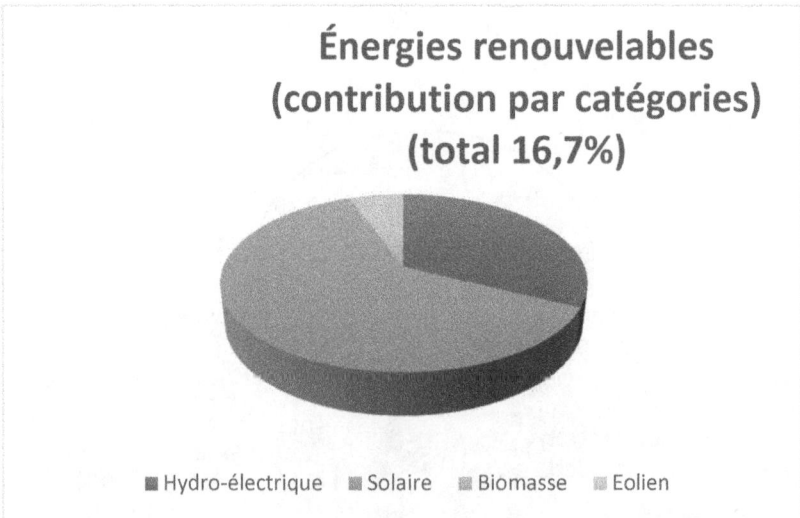

Énergies renouvelables (contribution par catégories) (total 16,7%)

■ Hydro-électrique   ■ Solaire   ■ Biomasse   ■ Eolien

Figure 5, Parts des énergies renouvelables mondiales

Les biomasses traditionnelles, surtout utilisées pour la cuisson et le chauffage, comptent pour 9% du marché. Il s'agit d'un segment décroissant principalement parce que cette forme d'énergie est utilisée plus efficacement

---

[8] D'après le rapport déposé par World Watch Institute sur les énergies renouvelables.

aujourd'hui, mais aussi parce qu'elle constitue la principale cause des gaz à effet de serre. L'énergie hydroélectrique représente un peu moins de 6% de la production mondiale d'énergie et croît lentement, surtout dans les pays en développement.

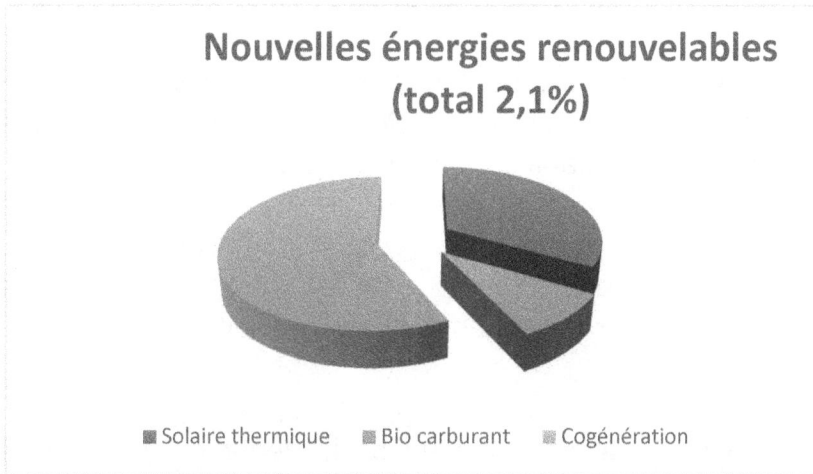

Figure 6, Parts des nouvelles énergies renouvelables

3.2 MARCHÉS VISÉS

L'énergie solaire représente 2% de la production mondiale d'énergie et connaît une forte croissance surtout dans les pays industrialisés. L'énergie solaire concurrence les énergies traditionnelles dans cinq segments de marchés dont :

- Le chauffage résidentiel, commercial & institutionnel
- Le chauffage de procédés industriels
- La déshumidification résidentielle et commerciale
- La climatisation résidentielle et commerciale
- La production d'électricité

Selon le département de l'énergie, 35 MM USD ont été investis en 2006 pour des systèmes de chauffage de l'eau et chauffage ambiant. Le marché nord-américain représenterait 25% du marché mondial qui connaît une croissance fulgurante de 18%. Ces chiffres sont vérifiables auprès de l'IEA et le « Department of Energy ».

Le gouvernement canadien a récemment annoncé des investissements totalisant 1,5 MM$ pour l'implantation des énergies renouvelables dans les foyers canadiens.

Les coûts d'énergie dans le secteur industriel ont totalisé 190 MM$ US en 2005 et croît au taux de 4%. Tous s'accordent pour identifier la question de l'énergie comme prioritaire.

Les marchés visés sont ceux de la vente d'équipements destinés au chauffage résidentiel, commercial et industriel et de la production d'eau chaude de procédés industriels. Ces segments de marchés comptaient (en 2006) pour 35 MM$ US. Les applications dont l'efficacité permet un retour sur investissement de plus de 30% occupent une place privilégiée auprès du secteur industriel. Entre autres, la foresterie, le textile, les produits chimiques et pétrochimiques sont de grands consommateurs d'énergie et montrent un grand intérêt pour les technologies solaires développées et en cours de développement par Newco.

Marché mondial de
19,1 MM $ CAD

Amérique du Nord
13.8 MM $

RDM
2.1 MM$

Europe
3.2 MM$

Chauffage résidentiel, commercial & institutionnel
11,8 M $

Chauffage, préchauffage, séchage et déshumidification industriels.
2,3 M $

Déshumidification résidentielle et commerciale
1,9 M $

Climatisation résidentielle et commerciale
3,1 M $

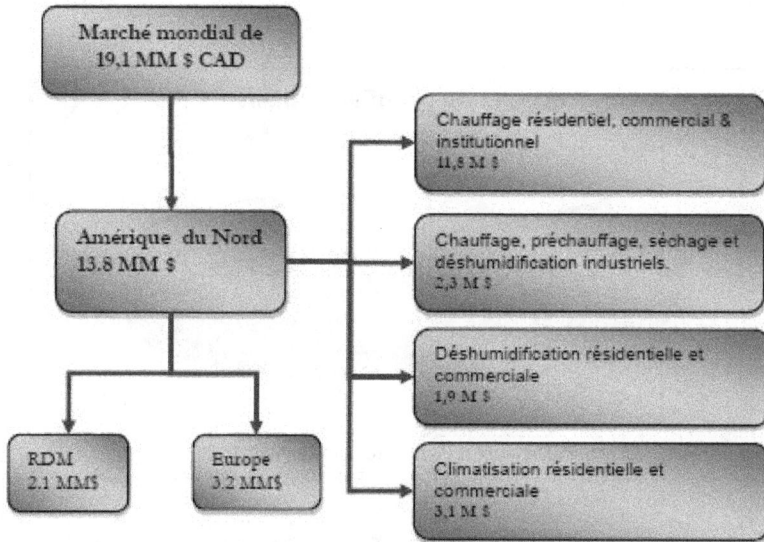

Figure 7, Segmentation du marché

3.2.1 CHAUFFAGE DOMESTIQUE

Les collecteurs solaires et les systèmes de chauffage destinés au chauffage représentent un marché de 11,8 MM$. Les principaux segments de marché convoités par le chauffage solaire sont représentés par le graphique ci-contre. Ceux-ci font appel aux technologies les plus récentes et les plus efficaces. Ces technologies permettent de concentrer l'énergie solaire thermique et de la stocker pour une utilisation uniforme selon les besoins. Chaque mètre carré de collecteur solaire thermique capte et stock plus de 1,600 kWh par année. Ces énergies peuvent satisfaire les besoins en eau chaude sanitaire et chauffage radiant selon les besoins.

Les besoins en eau chaude sanitaire varient de 150 à 300 litres/jour selon le nombre d'occupants d'une résidence. Il faut de 5-7 kWh/jour pour chaque 100 litres d'eau chaude sanitaire consommé.

Marché du chauffage solaire

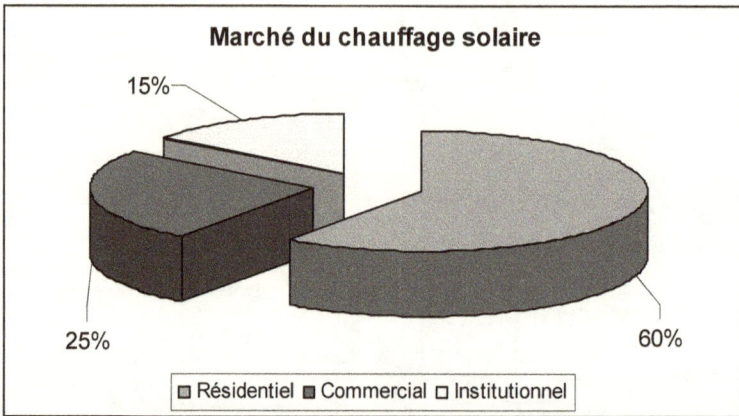

Les systèmes Newco transforment plus de 85% de l'énergie solaire en énergie utilisable pour le chauffage. En été, seul le chauffage d'eau sanitaire est requis et l'énergie additionnelle peut être utilisée pour chauffer la piscine ou le spa. Une maison bien isolée consomme environ 150-175 kWh/m²/an.

3.2.2 CHAUFFAGE INDUSTRIEL

Le segment des collecteurs pour le chauffage de procédés industriels représente 2,3MM$ et a connu une croissance de 8% entre 2005 - 2008 et devrait continuer de croître au même rythme jusqu'en 2018. Les facteurs favorisant cette croissance sont reliés aux fluctuations du prix de l'essence, les coûts plus élevés pour produire de l'électricité, les accords de Kyoto et de Montréal ainsi que l'efficacité croissante des collecteurs vitrés. Les collecteurs vitrés peuvent être employés toute l'année malgré les rigueurs de l'hiver.

3.2.3 DÉSHUMIDIFICATION ET CLIMATISATION SOLAIRE

Les applications solaires se multiplient en climatisation et déshumidification, si bien que le marché aurait atteint 5 MM$ en 2008. Il s'agit là d'un segment de marché prometteur. Les principales applications se trouvent aux États-Unis et au Canada. Les coûts de climatisation ont eu pour effet le développement de nouvelles technologies axées sur la thermodynamique par absorption pour la climatisation et le séchage des roues de dessiccant pour la déshumidification.

3.2.4 MARCHÉ DU CARBONNE

Les gains d'énergie produits par les technologies solaires sont très attirants pour les bourses du carbone. Ceux-ci se traduisent par des milliers de tonnes de CO_2 qui pourront être transigés sur ces bourses. Les technologies solaires peuvent être certifiées facilement et constituer un apport intéressant de fonds qu'elle pourra ensuite réinvestir dans sa R&D.

Les meilleures opportunités sur le marché présentement sont le fruit d'alliance entre de petites entreprises de technologie et de gros pollueurs listés à la bourse de carbone de Chicago. Ce type d'association est une combinaison gagnante pour les deux parties.

3.3 DÉFIS DU MARCHÉ

Les facteurs pouvant influencer les résultats projetés par NEWCO sont reliés aux fluctuations du prix du pétrole et l'émergence de nouvelles sources d'énergie moins coûteuses à produire. L'apparition de technologies compétitrices pourrait survenir entre 24 et 48 mois après le démarrage de l'entreprise, compte tenu de l'avance technologique actuelle. Celles-ci comporteraient surtout des techniques alternatives qui ne produiraient pas nécessairement la même efficacité que les collecteurs E&P.

Les autres facteurs sont reliés à :

1.   Les importations de gaz naturel liquéfié (GNL) passeront de .6 trillions de pieds cubes en 2004 à 4.1 trillions de pieds cubes en 2025. Une croissance plus rapide de la demande mondiale du gaz naturel réduirait la disponibilité de GNL pour les États-Unis et le Canada, ce qui entraînerait une augmentation des prix du gaz naturel à l'échelle mondiale rendant le GNL moins économique en Amérique du Nord.

2.   Les incitatifs ayant pour but de stimuler l'implantation d'infrastructures de production d'énergie nucléaire et renouvelable ont un impact remarquable aux É.-U.. Une capacité totale de 6 gigawatts de nucléaire est projetée pour 2030.

3.   La fluctuation des principaux facteurs influençant la croissance économique à long terme, comme :

      a.   Le taux de la Réserve fédérale et celui des principales banques centrales
      b.   Le produit intérieur brut
      c.   Rendement des principaux indices
      d.   Productivité industrielle

4.   La capacité des grandes économies à convenir des accords sur des objectifs de réduction des gaz à effet de serre.

3.4   COMPÉTITEURS

Les chefs de file dans ce marché sont sans contredit SHARP Solar et BP Solar. Cependant, la compétition immédiate de la compagnie est composée d'entreprises plus petites et privées que nous avons décrites ci-dessous et présentées dans une analyse comparative.

Les compétiteurs choisis sont de taille similaire à NEWCO et proposent des produits qui s'adressent à la même clientèle. Toutefois, les technologies proposées sont plus vieilles et moins performantes. Là où NEWCO a du retard sur ses compétiteurs est au niveau du réseau de ventes, ce sur quoi elle entend mettre de l'avant un programme de développement de marchés.

Viessmann Manufacturing est une division d'une entreprise familiale, manufacturière de chauffe-eau, de bouilloires et de collecteurs solaires destinés au marché nord-américain. La compagnie fabrique aussi plusieurs des accessoires nécessaires dans la conception d'un système de chauffage d'eau domestique la rendant plus verticale et indépendante. Les produits ont une bonne réputation, efficace, et le service est professionnel.
45 Access Rd., Warwick, RI 02886, USA, +1-401-732-0667

Thermo Dynamics Ltd. (TDL) est une entreprise canadienne impliquée dans la recherche, le développement, la fabrication et la production de collecteurs solaires pour le chauffage d'eau domestique. La spécialité de l'entreprise est les collecteurs vitrés qui sont d'une excellente qualité et très durables en plus d'être économiques. La compagnie a développé un enduit performant qui la place deuxième derrière E&P.

101 Frazee, Dartmouth, Nova Scotia, Canada, B3B-1Z4, tel:(902) 468-1001

Thermomax Ltd. est le leader européen de la conception et fabrication de collecteurs solaires à tube sous vide ; une technologie plus vieille, mais efficace. Les tubes sous vide comportent une tige que l'on appelle 'Heat pipe' qui transmet la chaleur à l'extrémité où elle est extraite. Thermomax occupe une usine de 100,000 pc d'où elle conçoit, fabrique et teste ses produits qui sont de bonne qualité tout en étant les plus dispendieux.
5560 Sterrett Place Suite 115 Columbia, MD 21044, Tel.: (410) 997-0779

Alternate Energy Technology, est un manufacturier américain localisé à Jacksonville en Floride. AET fabrique des systèmes de chauffage solaire depuis 25 ans avec une technologie parmi les plus fiables. AET possède un très grand réseau de distribution à travers les États-Unis et le Canada. Les produits de AET sont les moins coûteux et leur performance légèrement moindre, ce qui les rend plus rentables en terme de retour sur investissement.
JACKSONVILLE, FLORIDA • USA • (800) 874-2190

3.5   ANALYSE COMPARATIVE

Il existe plusieurs techniques de production d'énergie solaire thermique, dont plusieurs qui offrent des rendements plutôt artisanaux. Elles sont aussi dépendantes des conditions climatiques. Toutes ces méthodes, afin de minimiser leurs coûts, basent leur production sur l'utilisation de matériaux absorbants économiques, mais efficaces. Le principe du chauffage solaire thermique est renouvelable, mais la production n'est pas constante et peut varier selon l'ensoleillement, les pluies et les saisons.

La technique brevetée de NEWCO permet d'éliminer plusieurs contraintes en utilisant un enduit spécial de haute efficacité thermodynamique spécialement optimisée pour l'absorption thermique. La faible consommation énergétique et le rendement supérieur nous permettent de produire dans des niveaux d'énergie constants et moins dépendants du climat.

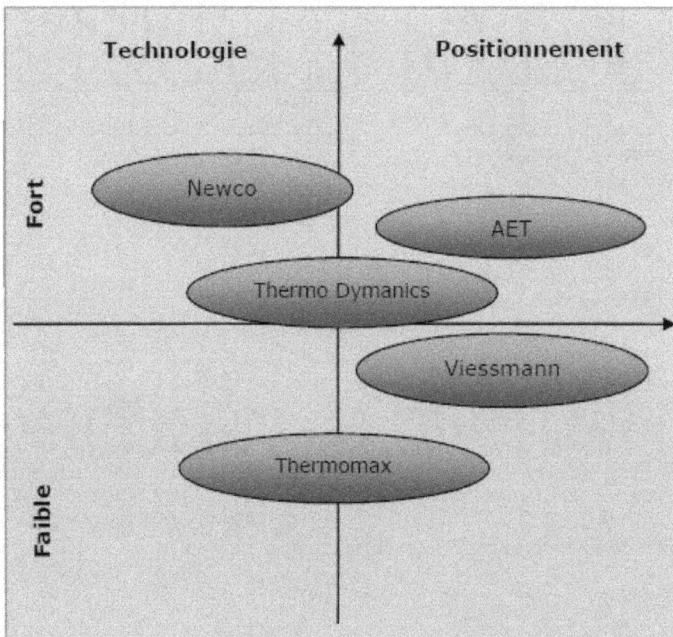

Figure 8, Analyse comparative

L'analyse comparative a été effectuée en utilisant 10 paramètres reliés au produit, compétences, prix, positionnement et perception par la clientèle cible. Les résultats obtenus ont été utilisés pour positionner les entreprises compétitrices sur le tableau ci-dessus.

3.6   ANALYSE FFOM

L'analyse FFOM nous dit que NEWCO maîtrise bien la technologie et possède une excellente compréhension des stratégies et des enjeux du positionnement de marché nécessaire pour l'atteinte de ses objectifs. Elle montre aussi une faiblesse financière qu'elle tentera de combler par un apport de capital de risques. L'analyse montre bien l'avance technologique qu'elle possède sur ses compétiteurs.

FORCES
- Brevets
- Avantages technologiques
- Procédé plus performant
- Expertise

FAIBLESSES
- Démarrage
- Capacité financière limitée.
- Positionnement.

OPPORTUNITÉS
- Demande élevée.
- Tendances du marché de l'énergie (protocoles).
- Potentiel d'expansion par licence.

MENACES
- Situation du marché financier.
- Prix du baril plus sensible.
- Politique gouvernementale

Figure 9, Analyse FFOM

4.0   PLAN STRATÉGIQUE

4.1   OBJECTIFS FINANCIERS

Les objectifs de l'entreprise sont de sécuriser les revenus nécessaires à l'atteinte de sa rentabilité. Pour ce faire, elle a élaboré un ensemble de stratégies présentées dans cette section.

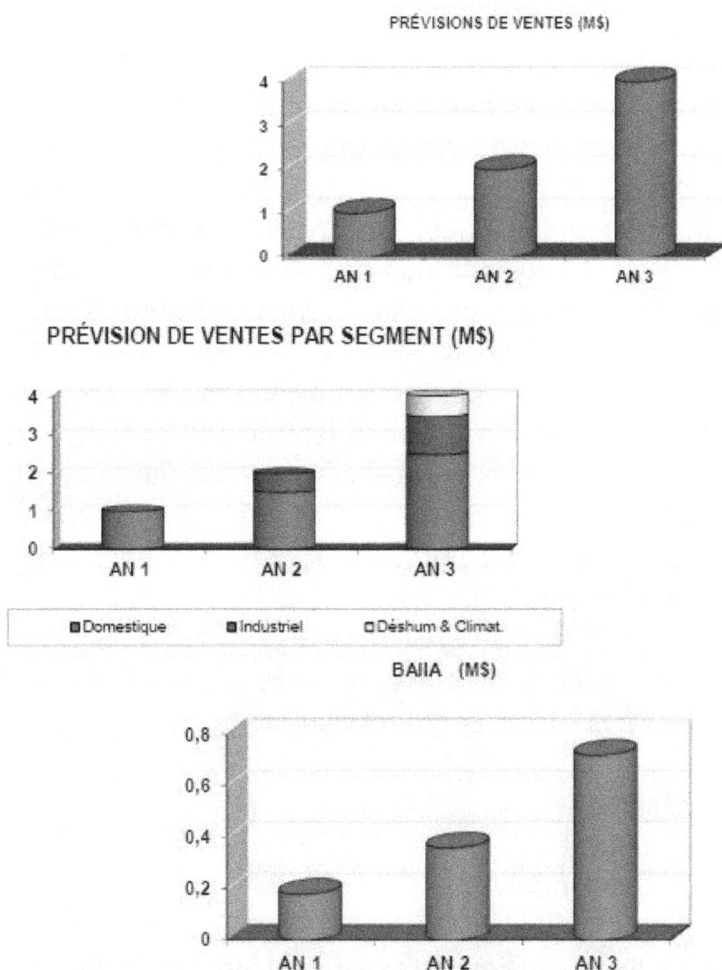

PRÉVISIONS DE VENTES (M$)

PRÉVISION DE VENTES PAR SEGMENT (M$)

■Domestique   ■Industriel   ☐Déshum & Climat.

BAIIA   (M$)

Figure 10, Objectifs financiers

4.2 STRATÉGIES DE DÉVELOPPEMENT DE MARCHÉ

Pour pénétrer le marché, NEWCO utilisera une stratégie de licences de distribution et d'installation donnant aux licenciés le droit de fournir des projets clé en main avec notre assistance. Le marché offre un potentiel de croissance extraordinaire dans les segments résidentiel, commercial et industriel que nous exploiterons avec les licenciés.

Le marché offre un potentiel de croissance extraordinaire dans les segments de chauffage et de préchauffage. Ces applications, par leurs attributs, révolutionneront et stimuleront leurs usages. Les avantages des produits et systèmes se traduisent par des économies considérables pour la clientèle au niveau de la consommation d'énergie.

NEWCO recrutera des entrepreneurs en plomberie, chauffage, ventilation et climatisation (CVC) dans chacun des territoires visés. Ceux-ci sont généralement des spécialistes de la vente, de l'installation d'unités de climatisation et de chauffage et peuvent concevoir des projets clé en main.

Selon leurs tailles, les entrepreneurs en plomberie et CVC s'adressent aux trois segments suivants :

1.   Résidentiel
2.   Industriel
3.   Institutionnel

Il y aura donc plusieurs réseaux à mettre en place pour atteindre les clientèles cibles. Les entrepreneurs s'approvisionnent auprès des grossistes en plomberie et CVC et bénéficient d'escomptes allant jusqu'à 30%.

L'entrepreneur récolte donc 30% sur l'équipement en plus des frais d'installation dont les taux horaires varient de 75$ à 115$ l'heure selon le secteur visé.

4.2.1 POSITIONNEMENT

Notre plan de développement est fondé sur l'octroi de licences à un coût abordable permettant aux licenciés de recouvrer leurs investissements en 12 mois.

Les licenciés seront comme des distributeurs spécialisés, capables d'évaluer un projet d'énergie solaire et de proposer des solutions. Nous planifions instaurer une présence solide sur des territoires clés.   Nos objectifs initiaux sont de s'implanter solidement sur la Nouvelle-Angleterre, la Côte Est, le Mid-Ouest et le Canada.   À mesure que nos alliances seront sur leurs lancées, nous recruterons de nouveaux entrepreneurs sur de nouveaux marchés.

EMPLACEMENT DES LICENCES INITIALES

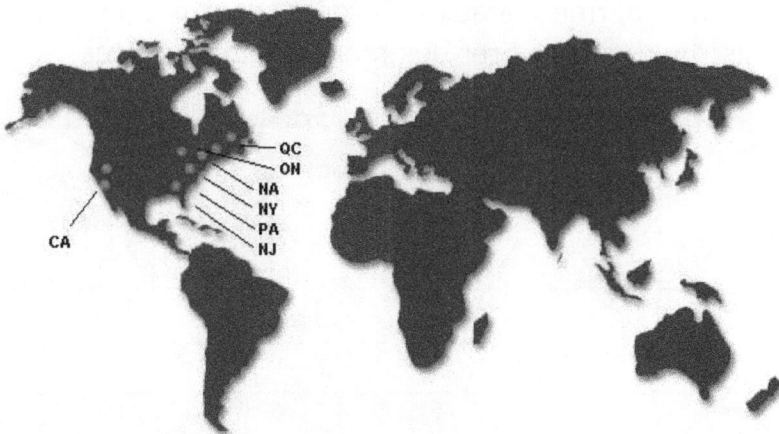

Figure 11, Emplacement des licences initiales

Nombre de licences	**An1**	**An 2**	**An 3**	**An 4**	**An 5**
États-Unis	3	5	11	24	33
Canada		2	3	5	7

Figure 12, Ententes de licences projetées

4.2.2 PRIX

La stratégie de prix a été établie comme suit:

Les licences seront vendues pour un montant de 100 000$. Ce montant servira aussi de garantie initiale sur les projets.

Cette stratégie nous permet d'atteindre des marges de 44% dès l'an 1.

Les prix de vente de toutes les applications ont été établis de façon à permettre aux différents réseaux de ventes et de distribution d'en tirer des marges satisfaisantes.

Chauffage			Climatisation /	Préchauffage
Eau chaude	Ambiant	Déneigement	Déshumidification	Procédés
1$/Watt	1$/Watt	1$/Watt	Séchage	1,2$/Watt
			1,50$/Watt	
Installation ,10$/Watt			,20$/Watts	
Distribution 30%			Agent manufacturier 10%	
			Distribution 30%	
Net			Net	Net ,75$/Watt
,70$/Watt			,94$/Watt	

4.2.3 PROMOTION

Les fondateurs ont produit des articles scientifiques qui seront publiés dans des revues au printemps et à l'automne 2018.

Nous participerons à des émissions de télé et des colloques sur l'énergie, et collaborerons avec DOE et NREL ainsi que leurs homologues dans les autres États et provinces canadiens. Nous courtiserons également les autres sociétés productrices d'électricité appartenant à l'État telles qu'Hydro-Québec et Hydro-Ontario pour faire connaître nos solutions énergétiques pour les secteurs résidentiel, commercial et industriel. Nous pourrons utiliser ces programmes comme levier promotionnel.

Des envois promotionnels seront effectués sur une base locale pour faciliter le démarrage de l'entreprise.

Nous mettrons sur pied un blogue de discussions sur notre site internet afin de recueillir les opinions sur notre technologie.

NEWCO participera et visitera les principales foires commerciales aux États-Unis et au Canada, d'où elle pourra recruter des agents et rencontrer des distributeurs. Quelques-uns de ces salons sont :

1. Building Energy
2. Salons de l'habitation
3. Builders show
4. Home renovation shows
5. AHR Expo

4.2.4 PRODUIT

Nous utilisons la technologie solaire comme plate-forme de développement, ce qui nous permet de concevoir des applications plutôt que des produits. Ces applications procurent des avantages beaucoup plus distinctifs.

Entre autres, la technologie solaire et le chauffage radiant hydronique permettent de créer l'application de déneigement et de chauffage ambiant, lesquels possèdent des avantages concrets pour le client.

De la même façon, la technologie solaire et la technologie de dessiccation nous ont permis de concevoir le climatiseur/déshumidificateur.

Des points de vue quantitatif et qualitatif, ces applications permettent :

- Remplacement de 40%-60% des énergies génératrices de GES dans le secteur résidentiel.
- Amélioration de l'efficacité énergétique de 50% à 80% pour les procédés de :

4.3 STRATÉGIE WEB

Une stratégie web sera implantée pour réaliser les objectifs suivants :

1. Présenter une image corporative.
2. Fournir de l'information sur les produits.
3. Attirer des nouveaux en proposant le téléchargement d'un livre blanc gratuit.

Cette dernière stratégie consiste en un livre blanc faisant état des innovations technologiques et disponible sur notre site web, celui des universités et associations impliquées dans ce domaine. Le livre blanc sera préparé par une sommité venant du milieu universitaire et reconnu par l'industrie. Un autre but du livre blanc sera de faire ressortir les avancements technologiques de Newco.

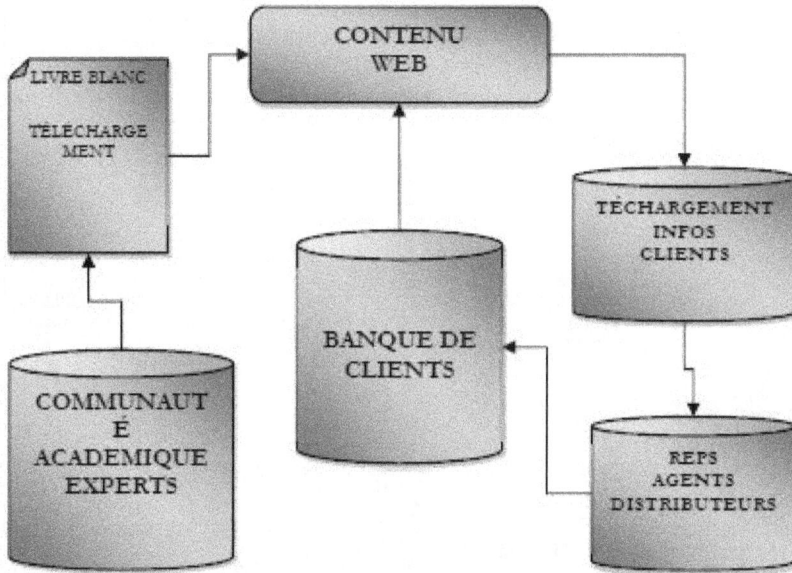

Figure 13, Stratégie web

La sommité académique a été identifiée et la préparation du livre blanc est en cours de préparation en partenariat avec notre personnel technique.

Aussi, une série d'infolettres sera préparée et transmise par courriel aux clients enregistrés.

4.4 PLAN D'ACTION

ACTIVITÉS	COÛTS		
	AN 1	AN 2	AN 3
Salaires & commissions	20000	40000	80000
• Recrutement d'agents dans le nord-est É.-U.			
• Recruter des distributeurs licenciés aux É.-U.			
• Installer une ligne d'assistance technique gratuite			
Publicité & promotion			
• Construction d'un site web	15 000		
• Placer des publicités dans des magazines AMÉRICAINS	15 000	30 000	60 000
• Placer des publicités canadiennes		20 000	20 000
• Releases pour les journaux			
Brochures & publications			
• Préparer brochure sur l'énergie solaire	20 000		
• Publipostage	5 000	10 000	15 000
• Spécification sur l'efficacité			
Représentation			
• Développer un plan de démarchage	10 000	20 000	30 000
• Visiter les clients majeurs	10 000	20 000	30 000
• Embaucher les techniciens d'assistance technique aux projets	Salaires		
• Visiter les entrepreneurs potentiels			
Salons	40 000	60 000	80 000
• Participer aux salons, Builders, ASHRAE, etc.			
• Participer aux salons des entrepreneurs.			
Plan total	**135 000**	**200 000**	**315 000**

5.0   OPÉRATIONS

5.1   EMPLACEMENT & ÉQUIPEMENT

NEWCO établira ses quartiers généraux, installations de production et ses opérations de marketing et ventes à Montréal au Québec. La compagnie aura choisi un emplacement pour le troisième quart 2020.

L'entreprise aura besoin d'un emplacement initial de 10,000 pc suivi d'une expansion à 20,000 pc pour l'année 3 du projet. L'usine sera équipée des technologies de production les plus modernes et de systèmes de gestion de l'information.

Initialement, des achats d'équipement totalisant 550 K$ seront effectués, lesquels conviendront aux trois premières années d'opération. Ceux-ci seront utilisés pour les besoins de production et de développement de nouvelles applications.

Un système de gestion de la panification sera implanté pour le premier quart 2020.

5.2   PROCÉDÉS

Les procédés reliés au métal en feuille, de soudure spécialisée et de plaquages spéciaux constituent les principales technologies de fabrication. Ceux-ci doivent être installés et certifiés en cours de marche, c'est-à-dire, lors du premier quart de l'An 1. Les essais font appel à des procédures émises par les autorités d'ingénierie et nécessitent des équipements spéciaux.

5.3   QUALITÉ

La compagnie implantera un système d'assurance de la qualité, tel qu'exigé par l'industrie, lequel fera appel à 6 sigma ou ISO9000. En plus, des procédures de meilleures pratiques seront implantées, lesquelles viseront à réduire les coûts, accélérer le cycle de fabrication et augmenter la qualité. Ces procédures permettront de maintenir l'accent sur le produit et le client dans un processus continuel d'amélioration.

La majorité des compétiteurs de NEWCO ne possède pas la norme de qualité ISO9000, mais applique d'autres systèmes de contrôle de la qualité.

Les buts sont :

1. Plan d'assurance qualité   1Q / An 1
2. Implantation des procédures   2Q / An 2
3. Audit et certification   3Q   /
   An 3

5.4 CHAÎNE D'APPROVISIONNEMENT

La compagnie nécessitera un système de gestion de la chaîne d'approvisionnement pour s'assurer que ses procédés et procédures respectent les meilleures pratiques de qualité et d'économie pour la compagnie et le client. Ceci implique tout le cheminement d'approvisionnement des matériaux, de transformation et de livraison aux clients selon les devis, la qualité et dans les délais prescrits.

Figure 14, Modules de gestion d'approvisionnement

Processus d'intégration et d'implantation de la gestion de chaîne d'approvisionnement.

1. **Plan** — La compagnie conçoit une stratégie de gestion des ressources.
2. **Source** — La compagnie choisira ses fournisseurs selon ses spécifications. 3. **Fabrique** — Le gestionnaire des opérations fabrique les produits selon les processus prescrits de transformation.
4. **Livraison** — Le gestionnaire des opérations livre les produits selon les ententes et calendriers de livraison.

6.0   PLAN FINANCIER

6.1   RÉSULTATS PROJETÉS (projections détaillées annexés)

État des résultats	An 1	An 2	An 3
Revenus	1 000 000	2 000 000	4 000 000
Total revenus	1 000 000$	2 000 000$	4 000 000
Opérations			
Main d'oeuvre directe			
Salaires d'opérations	45,000	90,000	300,000
Bénéfices marginaux	10 000	10 000	10 000
Sous-traitances	1 000	1 000	1 000
Location d'équipement	50 000	50 000	50 000
Dépenses de livraison	10 000	50 000	170 000
Manutention	10 000	50 000	170 000
Frais généraux	10 000	50 000	170 000
Total des dépenses d'opérations	136 000	301 000	871 000
Marge brute	864 000	1 699 000	3 129 000

Dépenses d'administration	An 1	An 2	An 3
Salaires	55 000	105,000	250,000
Bénéfice marginaux	15 000		
Loyer	60 000	120,000	120,000
Énergie	6,000	6,000	6,000
Communication	4,200	4,200	6,000
Assurance	3,000	3,000	4,500

Maintenance	4,800	4,800	12,000
Dépenses de bureau	2,400	4,400	8,000
Fournitures de bureau	1,800	3,800	5,200
Frais de poste et livraison	20,000	100,000	204,000
Frais de location	60,000	60,000	120,000
Frais comptable	5,000	10,000	20,000
Honoraires professionnels	15,000	15,000	25,000
Amortissement	10,000	10,000	10,000
Recherche et développement	250,000	160,000	160,000
Total des dépenses d'administration	497,200	606,200	950,700
Dépenses de vente et marketing			
Salaires & Commissions	120,000	300,000	500,000
Publicité & promotion	120,000	200,000	200,000
Frais de voyage	120,000	200,000	200,000
Représentation	100,000	180,000	200,000
Événements	150,000	225,000	225,000
Total des dépenses de vente et marketing	610,000	1,205,000	1,325,000
Total des dépenses	1 107 000	1 811 200	2 275 700
BAIIA	0	0	853 300
Impôt			127 500
Dépréciation	35 000	33 000	31 000
Profit net /(loss)	(278 000)	(144 800)	694 800

6.2   ANALYSE DE SENSIBILITÉ

Une analyse de sensibilité démontre que les résultats financiers demeureront acceptables dans l'éventualité où les ventes ne se réaliseraient pas comme prévu. L'analyse a été effectuée à;

Résultats projetés (,000 $)	100%	75%	50%	25%
Revenus cumulatifs 2012-2014	7 000	5 250	3 500	1 750
Marge brute	5 692	4 269	2 846	1 423
Dépenses	3 920	2 940	2 460	2 230
BAIIA	1 772	1 129	386	(807)
Profit net[9]	1 572	956	(66)	(868)
Encaisse	202	(343)	840	(1 940)

6.3   FINANCEMENT
Sources des fonds
Fondateurs[10]   200 000.
Capitaux de risques[11]   1 200 000.
Licences[12]   300 000.
Prêt aux petites entreprises[13]   300 000.

Total des fonds   **2 000 000. $**

Autres entrées de fonds
Crédits d'impôt de recherche et développement   1 400 000 $
Crédits d'impôt reliés à la création d'emplois   400 000 $
Crédits d'impôt à l'investissement   30 000 $
Total des autres entrées de fonds   **1 830 000 $**

---

[9] Assume un impôt combiné de 22%
[10] Les fondateurs ont investi 400K$ à ce jour, en argent et 600K$ en investissement équivalent. La nouvelle injection de capitaux portera le total de l'investissement à 1,2M$.
[11] Un capitaliste de risque est recherché pour 1,2 M$ et une participation de 20% en actions ordinaires votantes.
[12] Trois licences de 100K$ chacune seront vendues avant le démarrage.
[13] La compagnie soumettra une demande de financement dans le cadre du programme de financement de la petite entreprise. Le PPE est garanti à 90% par le gouvernement.

6.4 STRATÉGIES D'INVESTISSEMENT

Newco recherche un investisseur d'équité privé ou de capitaux de risques institutionnel comprenant l'environnement d'affaires des fondateurs.

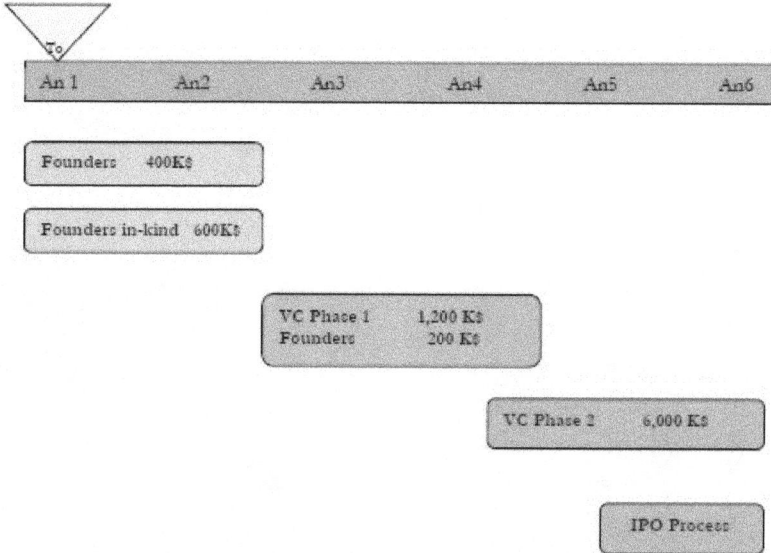

6.5 STRATÉGIES DE SORTIES

Les stratégies de sorties sont fondées sur la disponibilité des fonds sur les marchés ainsi que sur la performance de l'entreprise.

Le retour sur investissement avoisine les 30% et a été calculé au terme des trois premières années d'opérations et après une réserve conservatrice de liquidité qui sera employée pour l'achat d'équipements et l'expansion des procédés. Le taux de retour sur investissement assure que les stratégies de sorties et de remboursements de capitaux seront respectées.

L'investisseur de risques initial sera racheté au terme de la deuxième ronde à un taux de rendement interne approximatif de 19%. Le deuxième investisseur de risque sera racheté lors du premier appel public au cours de l'an 6. Des opportunités existent auprès de courtiers transigeant sur les marchés NASDAQ, TSX et TSX Venture.

-IX-
Projections financières

Les investisseurs, les banquiers et les agences d'aides gouvernementales nécessitent des projections financières pour analyser la rentabilité de votre entreprise/projet. Plus le projet est grand ou complexe, plus les projections financières apporteront de détails financiers. La liste présentée au tout début de ce livre montre les principaux paramètres qui seront analyser. Il faut donc s'assurer que les détails recherchés sont présents ou facile à calculer.

Les projections financières peuvent être présenté dans un fichier Excel et devraient porter sur 3 ans et apporter une visibilité mensuelle. Les principaux tableaux à présenter son ;

1. État des profits et pertes
2. Les mouvements de trésoreries
3. Le bilan

Voici des exemples de chacun de ces fichiers.

ÉTAT DES RÉSULTATS

	Jan	Fév	Mars	Avril
Revenus				
Produit	1 000	1 000	1 000	2 000
Produit	-	200	-	-
Produit	-	-	500	700
Produit	250	350	-	-
Produit	-	-	1 000	-
Produit	-	-	-	2 000
Revenus totaux	1 250	1 550	2 500	4 700
Dépenses d'exploitation				
Matériaux	100	150	240	300
Matériaux	0	0	0	0
Sous-traitants	0	0	0	0
Sous-traitants	0	750	0	0
Location d'outils	0	0	0	0
Location d'outils	0	0	300	0
Frais de transport	100	100	100	100
Emballage	0	0	0	0
Autre	0	0	0	0
Main-d'œuvre directe	125	155	250	470
Salaires d'exploitation	0	0	0	0
Bénéfices marginaux	0	0	0	0
Frais généraux d'exploitation	0	0	0	0
Total dépenses d'exploitation	325	1 155	890	870
Bénéfice brut	925	395	1 610	3 830
	74,0%	25,5%	64,4%	81,5%

ÉTAT DES RÉSULTATS (suite)

Frais d'administration	Jan	Fév	Mars	Avril
Salaires d'administration	50	50	50	50
Bénéfices marginaux	5	5	5	5
Loyer	-	-	-	-
Énergie	10	10	10	10
Communication	-	-	-	-
Assurances	-	-	-	-
Entretien	10	-	-	-
Dépenses de bureau	15	10	-	10
Fournitures de bureau	20	15	10	15
Formation	30	20	15	20
Frais de poste et livraison	10	30	20	30
Frais de location	15	10	30	10
Frais comptables	10	15	10	15
Honoraires professionnels	15	10	15	10
Taxes & permis	-	15	10	15
Dépenses divers	-	-	15	-
Total frais d'administration	190	190	190	190
Frais de représentation				
Salaires de ventes	25	25	25	25
Publicité & promotion	15	-	-	-
Frais de déplacement	-	15	-	-
Frais de représentation	15	-	-	15
Total frais de représentation	55	40	25	40
Total des frais	245	230	215	230
BAIIA	680	165	1 395	3 600
Intérêts A	4	4	4	4
Intérêts B	7	6	6	6
Amortissement	14	14	14	14
Impôts				
Bénéfice net/(perte)	655	141	1 371	3 576

MOUVEMENTS DE TRÉSORERIES

	Jan	Fév	Mars	Avril	Mai
Entrées de fonds					
Collection des cptes recevoir	1250	1550	2500	4700	0
Financement A	0				0
Financement B	0				
Aide gouvernementale			0	0	0
Capital action	0	0	1000	0	0
Avances					
Total des entrées de fonds	1250	1550	3500	4700	0
Sorties de fonds					
Côuts d'exploitation	200	1000	640	400	0
Salaires d'exploitation	0	0	0	0	0
Bénéfices marginaux	0	0	0	0	0
Frais généraux d'exp	0	0	0	0	0
Salaires d'administration	50	50	50	50	0
Bénéfices marginaux	5	5	5	5	0
Loyer	0	0	0	0	0
Énergie	10	10	10	10	0
Téléphone	0	0	0	0	0
Assurances	0	0	0	0	0
Entretien	10	0	0	0	0
Dépenses de bureau	15	10	0	10	0
Fournitures de bureau	20	15	10	15	0
Formation	30	20	15	20	0
Frais de poste et livraison	10	30	20	30	0
Frais de location	15	10	30	10	0
Frais comptables	10	15	10	15	0
Honoraires professionnels	15	10	15	10	0
Frais de représentation	55	40	25	40	0
Achats d'éléments d'actifs		0			
Remboursement de capital	14	14	14	14	14
Remboursement de capital	14	14	14	14	14
Intérêts & frais financiers	11	11	10	10	10
Cpte fournisseur (additions)		85	133	119	122
Cpte fournisseur (réductions)	-142	-127	-114	-127	-19
Impôts et taxes	0	15	10	15	0
Divers	0	0	15	0	0
Total sorties de fonds	342	1227	912	661	140
Encaisse du début	1100	2008	2332	4920	8959
Encaisse de la fin	2008	2332	4920	8959	8819

BILAN

Actif	2014 Jan	2014 Fév	2014 Mar	2014 Avr
Encaisse	9 477	9 441	9 404	9 368
Comptes à recevoir	0	0	0	0
Subvention à recevoir	0	0	0	0
Frais payés d'avance	0	0	0	0
Court terme	9 477	9 441	9 404	9 368
Immobilisation	1 000	1 000	1 000	1 000
Amortissement	(181)	(194)	(208)	(222)
Droits d'auteur	0	0	0	0
Long terme	819	806	792	778
Total des actifs	10 297	10 246	10 196	10 146

Passif	2014 Jan	2014 Fév	2014 Mar	2014 Avr
Comptes Payables	26	26	25	25
Portion CT de la dette LT	0	0	0	0
Dû aux administrateurs	0	0	0	0
Court terme	26	26	25	25
Financement A	819	806	792	778
Financement B	819	806	792	778
Subventions	1 000	1 000	1 000	1 000
Long terme	2 639	2 611	2 583	2 556
Surplus	0	0	0	0
Avances d'un actionnaire	0	0	0	0
Capital action payé	1 100	1 100	1 100	1 100
Bénéfice accumulé (perte acc.)	6 532	6 509	6 427	6 465
Avoir des actionnaires	7 632	7 609	7 527	7 565
Passif & avoir des act.	10 297	10 246	10 136	10 146

Vous pouvez obtenir plus d'information par courriel :

BizPlansCoach@gmail.com

et vous pouvez aussi participer à l'Atelier

Plans d'affaires et Stratégies

Finalement, Je vous souhaite

Bonne chance !!

www.ingramcontent.com/pod-product-compliance
Lightning Source LLC
Chambersburg PA
CBHW022058210326
41519CB00054B/629